Gerhard Wessels

Der Schiffsdieselmotor (1913)

Ein Jahr Praxis auf dem Motor-Schiff Rolandseck der DG Hansa

Gerhard Wessels

Der Schiffsdieselmotor (1913)

Ein Jahr Praxis auf dem Motor-Schiff Rolandseck der DG Hansa

ISBN/EAN: 9783954270743
Erscheinungsjahr: 2012
Erscheinungsort: Bremen, Deutschland

© maritimepress in Europäischer Hochschulverlag GmbH & Co. KG, Fahrenheitstr. 1, 28359 Bremen. Alle Rechte beim Verlag und bei den jeweiligen Lizenzgebern.

www.maritimepress.de | office@maritimepress.de

Bei diesem Titel handelt es sich um den Nachdruck eines historischen, lange vergriffenen Buches. Da elektronische Druckvorlagen für diese Titel nicht existieren, musste auf alte Vorlagen zurückgegriffen werden. Hieraus zwangsläufig resultierende Qualitätsverluste bitten wir zu entschuldigen.

Der
Schiffsdieselmotor

bearbeitet von

Schiffsingenieur GERH. WESSELS

leitender Maschinist
vom Motor-Schiff „Rolandseck".

ERSTE AUSGABE.

BREMEN
Verlag Gerh. Wessels, Ritter Raschenplatz
August 1913.

Vorwort.

Das rege Interesse, das sowohl die Reedereien als auch die Schiffswerften der Einführung des Dieselmotors als Antriebsmaschine für Seeschiffe entgegenbrachten, war die Veranlassung, daß in verhältnismäßig kurzer Zeit eine große Zahl von Motor-Schiffen in Auftrag bezw. Fahrt gegeben wurde.

Infolge der überaus geringen Literatur auf diesem so wichtigen Gebiete hat Verfasser es unternommen, seinen Fachkreisen — Schiffsingenieuren, Seemaschinisten und Schülern der Schiffsingenieur- und Seemaschinistenschulen — einen Beitrag hierzu zu unterbreiten.

Das vorliegende Buch, das aus der Praxis für die Praxis geschrieben ist, soll daher in allgemein gehaltener leichtverständlicher Form einen kurzen Ueberblick über die für die Seeschiffahrt in Frage kommenden Systeme von Schiffs-Dieselmotoren bringen.

Insbesondere hat Verfasser geglaubt und besonders Wert darauf gelegt, seine, auf einem in Fahrt befindlichen Motorschiffe gesammelten Erfahrungen und Betriebsstörungen, deren Ursache und Abhülfe im Allgemeininteresse der Sache seinen Kollegen nicht vorenthalten zu dürfen.

Die für den Dieselmotor erforderlichen theoretischen Kenntnisse über die wärmemechanischen

Vorgänge in Verbrennungskraftmaschinen sind in der Einleitung kurz zusammengefaßt. Bei dieser Arbeit wurde Verfasser von Herrn Chefingenieur E. Müller, Geestemünde, in dankenswerter Weise unterstützt.

Ebenso möchte Verfasser Herrn Regierungsrat Dr. ing. H. Jahn, Berlin, für die gütige Ueberlassung der Klischees zu den Textfiguren seinen verbindlichsten Dank aussprechen.

Der Verfasser übergibt hiermit das Buch seinen Fachkreisen, um einem vorliegenden Bedürfnis dadurch etwas abzuhelfen und bittet um wohlwollende Aufnahme.

Gerh. Wessels.

BREMEN, August 1913.

Inhalts-Verzeichnis

Einleitung

1. Allgemeines über den Schiffsdieselmotor 9
   - a) Viertaktmotoren 9
   - b) Zweitaktmotoren 9
2. Beschreibung eines Viertaktmotors 10
3. Besprechung eines Zweitaktmotors 16
4. Betriebsergebnisse 35

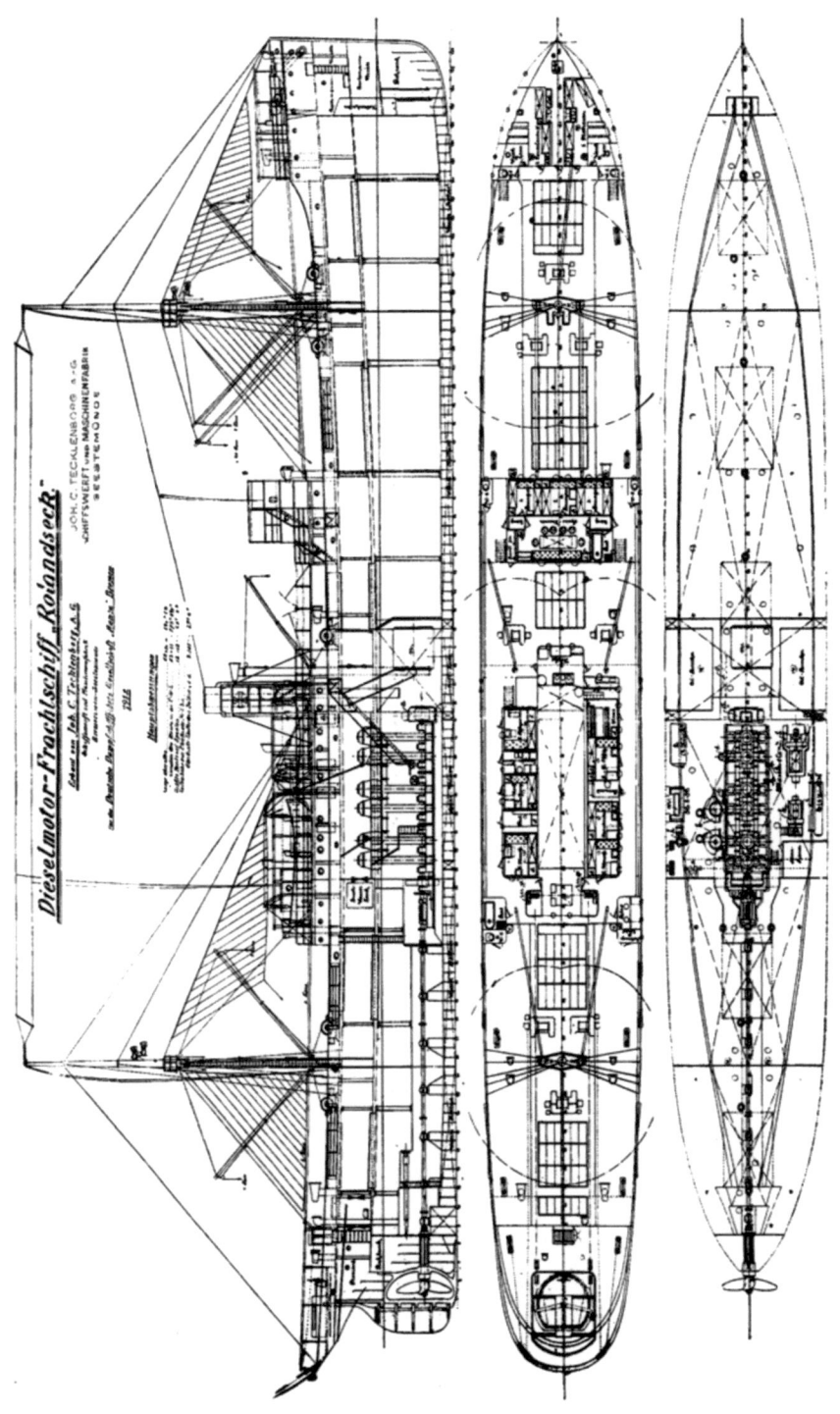

Einleitung.

Wärmemechanische Vorgänge in Verbrennungskraftmaschinen.

Die Aufgabe der Wärmekraftmaschinen ist die Umwandlung der Energieform „Wärme" in mechanische Arbeit. Dampfmaschinen sowohl als auch Verbrennungskraftmaschinen verrichten diese Umwandlung nur unter ganz erheblichen Verlusten, da die im Brennstoff zugeführte Wärmemenge nur zu einem mehr oder weniger großen Bruchteil in nutzbare mechanische Arbeit umgesetzt wird.

Dieser Vorgang wird beurteilt nach dem **thermischen Wirkungsgrad**, oder

$$\eta \text{ th} = \frac{\text{in mechanische Arbeit umgesetzte Wärmemenge.}}{\text{insgesamte aufgewendete Wärmemenge.}}$$

Die mechanische Wärmetheorie lehrt nun, daß, wenn Kompression und Expansion eines Gases als adiabatisch, d. h. ohne Wärme-Zu- bezw. Abführung verlaufend angenommen wird — diese Annahme stimmt mit der Praxis nicht ganz überein — der theoretische thermische Wirkungsgrad einer nach dem Viertakt- oder Zweitakt-Verfahren arbeitenden Verbrennungs-Kraftmaschine beträgt:

$$\eta \text{ th} = 1 - \left(\frac{p_1}{p_2}\right)^{\frac{K-1}{K}}$$

Hierin bedeutet:

p_1 den absoluten Anfangsdruck des Arbeitsgases bei Beginn der Kompression;

p_2 den absoluten Kompressionsenddruck;

K das Verhältnis der spezifischen Wärme des Arbeitsgases Cp (konst. Druck); Cv (konst. Volumen).

Das Verhältnis $\frac{Cp}{Cv} = K = 1{,}41$ für Luft.

Da der Anfangsdruck p_1 etwa 1 Atm. abs. beträgt, so hängt der Wirkungsgrad η th nur von der Höhe des Enddruckes p_2 ab und ist um so größer, je höher p_2 getrieben wird.

Während bisher die beste Ausnützung der Wärme in den Dampfmaschinen nur ca. 13 %, höchstens 18 % beträgt, ist dieselbe in den Verbrennungsmaschinen bedeutend höher und stehen die nach dem Gleichdruck- oder Dieselverfahren arbeitenden Verbrennungskraftmaschinen mit 40—48 % Wärmeausnutzung an der Spitze aller Wärmekraftmaschinen.

Im Folgenden sollen zwei grundsätzlich verschiedene Verfahren für die Verbrennung des Brennstoffes im Zylinder im Zusammenhang mit den wärmetechnischen Ergebnissen betrachtet werden und zwar:

1. Das Verpuffungsverfahren Fig. 1 und
2. Das Gleichdruck- oder Dieselverfahren Fig. 2

In Verbrennungskraftmaschinen nach dem Verpuffungsverfahren (Fig. 1) arbeitend, wird das Brennstoffgemenge im Arbeits-

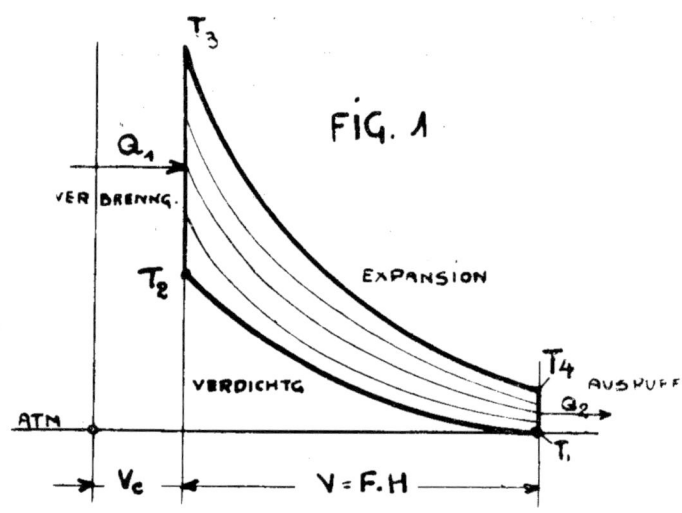

zylinder verdichtet, kurz vor Hubwechsel entzündet, worauf es unter bedeutender **Drucksteigerung** schnell verbrennt und während des folgenden Hubes expandiert.

Bei dem Gleichdruckverfahren (Fig. 2) jedoch findet die Wärmezufuhr ähnlich der Füllung der Dampfmaschine unter

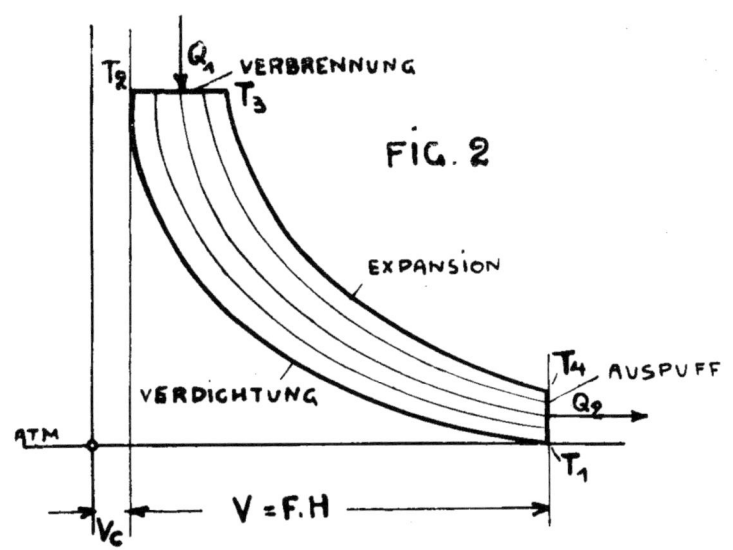

gleichbleibender Spannung statt. Dieses wird dadurch erreicht, daß man den Brennstoff nicht an der Verdichtung teilnehmen läßt, sondern ihn erst kurz vor Hubwechsel allmählich in die hochverdichtete Luft einführt, verbrennen und expandieren läßt.

Die beiden in Fig. 1 und 2 gegebenen Diagramme sind **theoretische**, d. h. Diagramme **verlustloser Verbrennungskraftmaschinen.**

Q 1 bezeichnet die zugeführte bei der Verbrennung frei werdende Wärme, Q 2 die in der Maschine nicht auszunützende durch den Auspuff abgeführte Wärme.

T 1 die Temperatur bei Beginn der Kompression,
T 2 die Temperatur bei Ende der Kompression,
T 3 die bei der Verbrennung erreichte Höchsttemperatur,
T 4 die bei der Expansion erreichte niedrigste Temperatur.

Die Erfahrung hat gezeigt, daß der thermische Wirkungsgrad eines Arbeitsvorganges von den Temperaturgrenzen abhängig ist, zwischen welchen der Vorgang sich vollzieht und ist der Einfluß großer Temperaturgefälle von erheblicher Bedeutung auf den thermischen Wirkungsgrad.

Großes Temperaturgefälle entspricht großem Druckgefälle.

Da bei Verbrennungskraftmaschinen die untere Druckgrenze durch den Atmosphärendruck gegeben ist, handelt es sich darum, den Höchstdruck so zu steigern, wie es maschinentechnisch möglich und zulässig ist. Ferner ist eine soweit wie möglich geführte Expansion der Verbrennungsgase für eine gute thermische Ausnützung von großer Wichtigkeit. Es ergibt sich daher als allgemein geltende Anforderung, die aus wärmetechnischen Gründen an eine gute Verbrennungskraftmaschine zu stellen ist:

Hohe Verdichtung, hoher Verbrennungsdruck und weitgehende Expansion!

Diese Anforderung erfüllt **R. Diesel** zuerst brauchbar in seiner Viertakt-Dieselmaschine, nach dem Gleichdruckprinzip arbeitend.

Der Arbeitsvorgang ist kurz folgender:

Während des Saughubes wird im Arbeitszylinder reine Luft angesaugt und im darauf folgenden Hub auf ca. 35 Atm. verdichtet. Die Kompressionsendtemperatur steigt hierbei auf ca. 600—700° C. Zu Beginn des 3. Hubes wird mittels hochgespannter Einblaseluft an ca. 50—60 Atm. Oel fein zerstäubt in den Verbrennungsraum eingeführt, das sich in der durch die Kompression sehr erhitzten Luft selbst entzündet, bei **zunehmendem Volumen** und **gleichbleibendem Druck** verbrennt und nun durch die Expansion Arbeit leistet. Im 4. Hub schiebt der Kolben die Verbrennungsgase nach der Atmosphäre aus.

Die thermischen Vorteile dieses Verfahrens liegen vor allem in der hohen Verdichtung auf ca. 33—35 Atm. und erhöht sich der Verbrennungsdruck gegen diesen nur um einige Atmosphären, sodaß man 38—40 Atm. im allgemeinen normaler Weise nicht übersteigt.

Die hohe Temperatur von ca. 700° C., die die Luft am Ende der Verdichtung besitzt, sichert eine nie versagende Selbstzündung, sodaß selbst schwerflüchtige, billige Oele restlos verbrennen.

Aus diesem Grunde weist das Dieselverfahren eine hohe Brennstoffökonomie auf und ist der thermische Wirkungsgrad hierbei der beste, der bisher bei Verbrennungskraftmaschinen erreicht wurde.

Außerdem besitzt das Dieselververfahren eine ganz hervorragende Regulierfähigkeit.

Das theoretische Diagramm (Fig. 2) zeigt wie bei den verschiedensten Füllungen immer mit der höchsten Anfangstemperatur und infolgedessen mit dem besten thermischen Wirkungsgrad gearbeitet wird.

Aus dem Viertakt-Verfahren entstand das Zweitakt-Verfahren, das nachstehende Verbesserungen des Vieraktes bezweckt:

Die schlecht ausgenützten Saug- und Auspuffhübe werden beseitigt und deren Wirkung durch besondere Spül- und Ladeeinrichtungen ersetzt. Jeder zweite Hub wird dadurch ein Arbeitshub.

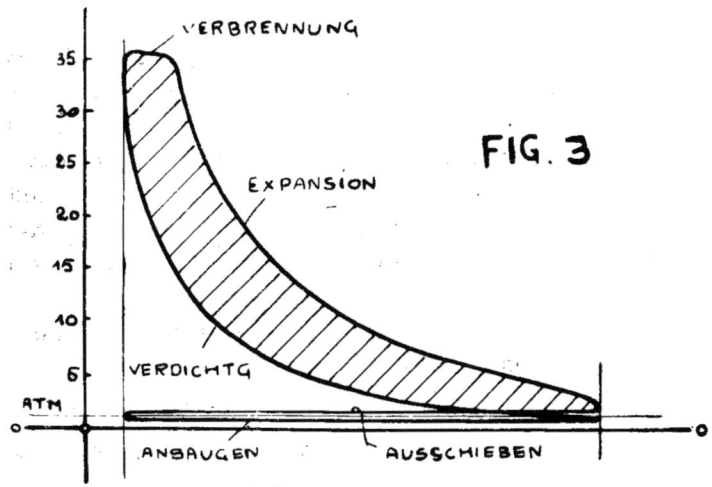

Die Verdichtung, Zündung, Verbrennung und Expansion geschieht dagegen genau so, wie beim Viertakt (Fig. 3). Der Zweitakt unterscheidet sich von diesem daher nicht thermisch, sondern nur durch den besonders eingeführten und erforderlichen

Ladevorgang. Dieser Spül- und Ladevorgang muß erfolgen am Ende der Expansion und zu Beginn der Kompression (Fig. 4).

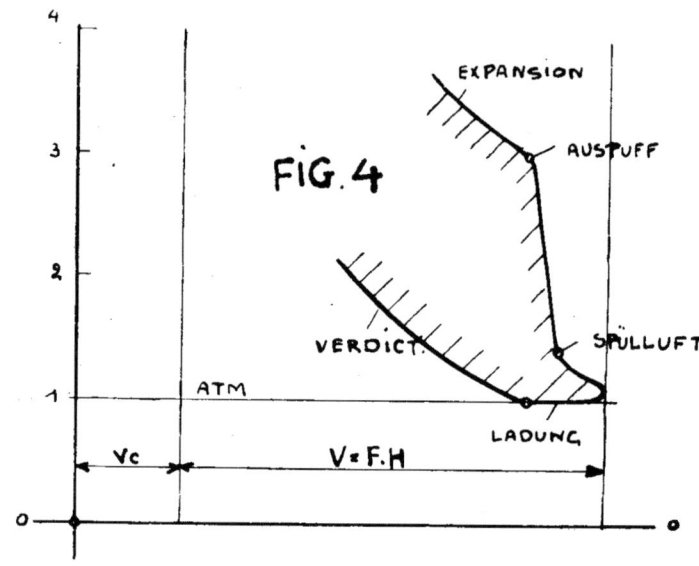

Zuerst wird der Auspuff geöffnet, damit die Expansionsendspannung auf einen möglichst kleinen Wert sinkt, sodann werden vor Hubende die Abgase durch die Spülluft von ca. 0,2—0,3 Atm. Spannung aus dem Zylinder getrieben. Unmittelbar hierauf wird der Zylinder mit reiner Luft geladen und nach Schluß der Auspuffkanäle beginnt die Kompression. Diese Vorgänge zu verwirklichen ist die Aufgabe der besonderen Spülluftpumpe.

Die Zeit, in der dies alles vor sich gehen muß ist außerordentlich gering, handelt es sich doch nur um einen kleinen Teil des Hubes, d. h. um einen geringen Bruchteil einer Sekunde.

In dieser kurzen Zeit liegt die Hauptschwierigkeit des Spülens und Ladens beim Zweitakt!

Ueber die beim Dieselverfahren auftretenden Temperaturen seien noch kurz einige Mitteilungen gemacht:

Die in Diagramm (Fig. 2) gegebenen Temperaturen ergeben sich nach dem Poisson'schen Gesetz

$$\frac{T_1}{T_2} = \left(\frac{p_1}{p_2}\right)^{\frac{K-1}{K}}$$

worin T_1 und T_2 die **absoluten** Temperaturen des Arbeitsgases am Anfang und Ende der Kompression bedeuten (siehe auch Seite 3).

An nachstehendem Beispiel sei die Berechnung des thermischen Wirkungsgrad η th., sowie der Temperatur T_2 des Dieselverfahrens gezeigt.

Für eine Dieselmaschine sei:

$$p_1 = 1 \text{ Atm. abs.}$$
$$p_2 = 36 \text{ Atm. abs.}$$
$$K = 1{,}41$$

$T_1 = 323^0$ d. h. die Anfangstemperatur zu 50^0 C. gerechnet, mithin $273 + 50 = 323^0$ abs. Temp., es ist dann

$$\eta \text{ th} = 1 - \left(\frac{p_1}{p_2}\right)^{\frac{K-1}{K}} = 1 - \left(\frac{1}{36}\right)^{\frac{1{,}41-1}{1{,}41}} = 0{,}65$$

η th $= 65 \%$

In Wirklichkeit beträgt der Brennstoffverbrauch etwa 180 bis 210 gr. Oel von ca. 10000 W. E. im kg pro P. S. e und Stunde, oder bei einem mechanischen Wirkungsgrad von ca. 75 % $0{,}75 \times 180$ bis $0{,}75 \times 210 = 0{,}135$ bis $0{,}158$ kg pro P. S. e und Stunde, dann wird

$$\eta \text{ th} = \frac{632}{0{,}135 \times 10000} \text{ bis } \frac{632}{0{,}158 \times 10000} = 0{,}48 \text{ bis } 0{,}40$$

η th $= 48 \%$ bis 40%

oder ca. $^2/_3$ des theoretischen thermischen Wirkungsgrades.

Die Kompressionsendtemperatur bei rein adiabatischer Kompression ist

$$T_2 = \frac{T_1}{\left(\frac{p_1}{p_2}\right)^{\frac{K-1}{K}}} = \frac{323}{\left(\frac{1}{36}\right)^{\frac{1{,}41-1}{1{,}41}}} = 915^0 \text{ abs.}$$

also $T_2 = 915 - 273 = 642^0$ C.

Im Vergleich hierzu sei ebenfalls der thermische Wirkungsgrad einer besten Schiffsdampfmaschine bestimmt, bei einem Kohlenverbrauch von 0,65 kg pro P. S. i und Stunde und einem mittleren Heizwert von 7000 W. E. im kg

$$\eta \operatorname{th} = \frac{632}{0{,}65 \cdot 7000} = \frac{632}{4550} = 14\,^0/_0$$

wie bereits eingangs erwähnt worden ist.

Allgemeines über den Schiffsdieselmotor.

In neuerer Zeit sind schon verschiedene Seeschiffe mit Dieselmotoren ausgerüstet und zwar als mehrzylindrige, einfachwirkende Viertakt- und Zweitaktmotoren in stehender Bauart ausgeführt.

Der Dieselmotor ist ein Verbrennungsmotor für sog. schwere nicht feuergefährliche Brennstoffe mit verhältnismäßig hohem Flammpunkt und wird bis jetzt größtenteils auf den Schiffen Gasöl, ein Destillationsprodukt des Rohöls als Treiböl für die Motoren verwandt.

Das Arbeitsverfahren der Dieselmotoren ist folgendes:

A. Viertaktmotoren.

Erste Umdrehung. Beim Niedergang des Kolbens saugt der Kolben durch die Einlaßventile reine Luft an (1. Hub, Saughub,) beim Aufgang des Kolbens wird diese Luft komprimiert auf 32—35 Atm. und gleichzeitig durch die Kompression auf 600—700° C. erwärmt (2. Hub Kompress. Hub).

Zweite Umdrehung. Kurz vor ca. 1 $^o/_o$ und bis ca. 10 $^o/_o$ nach oberen Totpunkt wird mit 60—65 Atm. Luftdruck (Einblaseluft) Brennstoff zerstäubt in die Arbeitszylinder eingespritzt. Der Brennstoff verbrennt und leistet während der Verbrennung und der nachfolgenden Expansion Arbeit (3. Hub, Expansions-Hub).

Beim Aufgang des Kolbens sind die Auslaßventile geöffnet und die verbrannten Gase werden ausgestoßen. (4. Hub, Ausschubhub.)

B. Zweitaktmotoren.

Beim Aufgang des Kolbens wird die mit 0,15—0,25 Atm. in den Arbeitszylinder eingeführte Spülluft komprimiert (1. Hub,

Kompr. Hub), beim Niedergang des Kolbens wird durch die Verbrennung und der nachfolgenden Expansion Arbeit geleistet, (2. Hub, Arbeitshub).

Kurz vor letzterem Hubende werden durch den Kolben unten im Arbeitszylinder Schlitze frei gelegt und strömen die Gase aus. Hierauf wird der Arbeitszylinder mittels Spülluft gereinigt und gefüllt.

Bei **Viertaktmotoren** ist von 4 Kolbenhüben, entsprechend zwei Umdrehungen, nur ein Arbeitshub zu verzeichnen.

Bei **Zweitaktmotoren** kommen auf 2 Kolbenhübe, entsprechend einer Umdrehung, ein Arbeitshub.

Die Viertaktmotoren werden zum größten Teil für kleinere Leistungen, wie z. B. für Hülfsmaschinen bis 200 P. S. e angewandt. Die Bauart der Viertaktmaschine ist einfacher, in ihren Abmessungen jedoch größer und an Gewicht schwerer als die Zweitaktmaschine, da bei ersterer in der Zeiteinheit halb soviel Arbeitshübe erfolgen, wie bei letzterer.

Die Zweitaktmotoren eignen sich mehr für größere Leistungen und werden daher als Hauptmaschinen für Seeschiffe verwandt. Beim Zweitakt ist eine besondere Spülluftpumpe zum Reinigen und Füllen der Arbeitszylinder und eine Kolbenkühlung erforderlich.

Beschreibung eines Viertaktmotors.

Abgebildeter Viertaktmotor Fig. 5 (rechts) ist ein stehender Zweizylindermotor von 200 mm Zylinderbohrung und 300 mm Kolbenhub. Er leistet bei 300 Umdrehungen pro Minute ca. 30 P.S e.

Das geschlossene in Kastenform ausgebildete Gestell ist mit dem Zylindermantel in einem Stück gegossen und setzt sich auf die ebenfalls vollständig geschlossene und in einem Stück hergestellte Grundplatte. Der aus Spezialguss angefertigte Einsatzzylinder ist in den Zylindermantel besonders eingesetzt, unten offen und oben durch den Zylinderdeckel geschlossen.

Sämtliche Ventile sind in besonderen Ventileinsätzen in den aus Spezialguss angefertigten Zylinderdeckel eingebaut, wodurch bequemes, schnelles Herausnehmen und Nachschleifen der Ventile ermöglicht ist.

Fig. 5.

Jeder Zylinderdeckel enthält:

1) ein **Einlaßventil**
2) ein **Auslaßventil**
3) ein **Brennstoffventil**
4) ein **Anlaßventil**

Diese Ventile werden durch Federkraft geschlossen und mittels Hebel und unrunder Scheiben (Nockenscheiben) betätigt. Die Nockenscheiben sitzen auf einer, vor dem Zylinderdeckel gelagerten horizontalen Steuerwelle, welche durch Schraubenräder und vertikale Hilfswelle derart von der Kurbelwelle angetrieben wird, daß sie nur halb soviel Umdrehungen macht als letztere.

Der **Kolben**, als Plungerkolben mit langer Lauffläche ausgebildet, ist aus Spezialguss hergestellt und mit genügender Anzahl Kolbenringe versehen.

Die **Kurbelwelle** ist aus bestem Spezialstahl, die Kurbel- und Wellenlager sind mit bestem Weißmetall ausgegossen.

Die **Schmierung** geschieht durch eine Pressölpumpe, die das Oel aus der Kurbelbilge saugt und dann durch eine Umlauf-Press-Oelleitung allen Lagern zuführt. Das gesammelte Schmieröl wird, nachdem es noch einen Filter passiert hat, wieder von der Pumpe angesogen und dauernd unter einem Druck von 0,5 Atm. gehalten.

Die Kolben werden durch eine an der Steuerwelle angekuppelte Oelpumpe geschmiert.

Die **Brennstoffpumpe** wird von der Steuerwelle angetrieben. Sie ist eine einfachwirkende Kolbenpumpe mit Sauge- und Druckventil und fördert die für jeden Arbeitshub erforderliche Brennstoffmenge nach dem Brennstoffventil.

Das **Brennstoffventil**, in der Mitte des Zylinderdeckels angebracht, enthält in seiner Bohrung einen Zerstäuber und eine Brennstoffnadel. Ferner sind am Kopfende des Brennstoffventils Anschlüsse für Brennstoffzufuhr und Einblaseluft angebracht. Die Brennstoffnadelspitze wird sauber eingeschliffen und durch Federdruck geschlossen gehalten.

Der Zerstäuber ist ein Einsatzzylinder, enthält unten einen Konus mit Rillen und sind auf diesem Konus mehrere Scheiben, welche mit kleinen Löchern versehen sind, aufgelegt. Das Brennstoffventilgehäuse steht während des Betriebes dauernd unter einem Luftdruck von ca. 60 Atm.

Beim Anheben der Brennstoffnadel wird nun der von der Brennstoffpumpe zugeführte Brennstoff mittels der Einblaseluft durch den Zerstäuber gedrückt und gelangt fein zerstäubt in den Arbeitszylinder.

Ein **Regulator** ist vorgesehen, der mittels Gestänge direkt auf die Saugeventile der Brennstoffpumpen wirkt. Der Motor arbeitet mit konstanter Tourenzahl und reguliert der Regulator den Hub der Saugeventile, um mehr oder weniger Brennstoffmenge nach dem Brennstoffventil zu führen.

Die **Einblaseluft** wird durch einen mittels Stirnkurbel angekuppelten Luftkompressor beschafft.

Der **Kompressor** ist dreistufig und komprimiert die Luft von 1—75 Atm. Die komprimierte Luft wird in einer Luftflasche (Einblaseflasche) gespeichert und von hier mittels Rohrleitung nach dem Brennstoffventil befördert.

Die **Auspuffgase** gehen nach einem Schalldämpfer und von hier aus ins Freie.

Für die **Kühlung** des Motors ist eine Kühlwasserpumpe angekuppelt, die das Wasser aus See nach dem Einblasekompressor, dem Zylindermantel, dem Zylinderdeckel, der indirekt gekühlten Auspuffleitung und dann über Bord drückt.

Inbetriebsetzung des Motors.

Vor dem Anlassen des Motors überzeuge man sich, ob die Kurbel auf Ansprung steht, d. h. die Kurbel muß etwas über den oberen Totpunkt hinweg sein. Man beachte, daß jeder Hülfsmotor beim Abstellen sofort wieder auf Ansprung gestellt wird, sodaß er jederzeit möglichst schnell in Betrieb gesetzt werden kann. Man öffne dann Kühlwasser- Ein- und Austritt, Brennstoffzufluß zur Brennstoffpumpe, wobei die Entlüftungshähne an den Ventilkästen offen zu halten sind. Es ist vor allem darauf zu achten, daß die Druckrohrleitung von der Brennstoffpumpe bis zum Brennstoffventil mit reinem Brennstoff ohne Luftsäcke gefüllt ist, da beim Anlassen des Motors auch sofort die erforderliche Brennstoffmenge eingespritzt werden muß, wenn der Motor einwandfrei zünden soll.

Am Ventilkasten der Brennstoffpumpe ist noch eine kleine Handpumpe angebracht, mit welcher man die Druckrohrleitung auffüllen kann.

Alsdann wird die Einblaseflasche mit Luft von ca. 60 Atm. Spannung gefüllt. Diese Luft wird aus einer Reserveluftflasche genommen. Man öffne dann die Absperrventile vom Einblasekompressor und zur Einblaseleitung.

Die Steuerungshebel der beiden Zylinder werden jetzt auf „Anlassen" gestellt, das Anlassventil wird geöffnet nnd der Motor setzt sich in Bewegung. Hat der Motor seine Geschwindigkeit erreicht, dann schalte man die Steuerungshebel nacheinander auf „Betrieb." Es werden dadurch die Hebel für die Anlaßventile von den Nockenscheiben abgehoben, die für die Brennstoffnadel aufgesetzt. Zündet jetzt der Motor, dann wird das Anlaßventil geschlossen und der Regulator hält den Motor auf Touren.

Während des Betriebes ist die Pressölschmierung zeitweise zu kontrollieren, ferner darf das Abflußwasser der Kühlleitung nicht zu kalt und nicht zu heiß sein.

Sehr wichtig ist die Kontrolle auf Rauchbemerk oder schlechte Verbrennung. An den Auspuffrohren sind Kontrollstutzen angebracht. Raucht der Motor, so halte man den Einblasedruck etwas höher. Klopft der Motor bei rauchfreier Verbrennung, so verringere man den Einblasedruck.

Jeder Motor für kleinere Leistungen wird nach seiner Montage in der Fabrik auf einem Prüffeld ausprobiert. Der Motor wird einreguliert, insbesondere werden die Zerstäuber durch Vergrößern oder Verkleinern des Widerstandes, durch Auswechseln der Düsenplatten ausprobiert, um eine gute und rauchfreie Verbrennung zu erzielen.

Die genommenen Diagramme zeigen dann, ob die einzelnen Perioden wie: Einlaß, Kompression, Zündung und Auslaß sich richtig gestalten. Es lassen sich durch Verstellen der Nockenscheiben fehlerhafte Erscheinungen abhelfen. Die Stellungen der Nockenscheiben können konstruktiv ziemlich genau festgelegt werden, jedoch wird die Nockenscheibe für Brennstoffventil auf dem Prüffeld erst richtig eingestellt. Der Motor darf nicht eher das Prüffeld verlassen, bis er vollständig rauchfrei verbrennt und bei jeder Belastung die gewünschten Umdrehungen hält, bei vorgeschriebenem Brennstoffverbrauch.

Betriebsstörungen.

Angenommen der Motor sei in Betrieb und es werden folgende Störungen bemerkt:

I. Der Motor arbeitet stoßweise.

Man untersuche zunächst die Verbrennung, raucht er, dann erhöhe man den Einblasedruck, arbeitet er rauchlos, erniedrige man den Einblasedruck.

Ferner untersuche man die Wasserkühlung, beim Versagen der Kühlwasserpumpe sind die Zylinder heiß geworden, es bilden sich an einigen Stellen in der Leitung Dämpfe, die dann durch Losschrauben der entsprechenden Rohre entfernt werden.

2. Der Motor raucht dauernd und kommt nicht auf seine Leistung.

Es ist der Zerstäuber verschmutzt oder die Brennstoffnadel undicht, sodaß viel Einblaseluft verloren geht und keine richtige Verbrennung erzielt wird.

Der Motor ist zwecks Überholen außer Betrieb zu setzen, da er bei Rauchbemerk in kurzer Zeit verrußt und hierdurch, speziell beim Viertakt, die Auslaßventile undicht werden.

3. Der Motor hat Fehlzündungen und starke Tourenschwankungen.

Man überhole die Sauge- und Druckventile der Brennstoffpumpen. Die Kegel setzen sich zeitweise fest, sodaß der Brennstoff nicht gleichmäßig befördert wird.

Ferner untersuche man den Brennstoff, ob Wassergemisch vorhanden ist.

4. Ber Motor läuft allmählich langsamer, oder er bleibt bei vollem Betrieb stehen.

In ersterem Falle überhole man alle Lager, man wird größtenteils finden, daß die Kurbel- oder Kreuzkopflager warm gelaufen sind oder die Kolbenführungen laufen trocken, sodaß die Reibungsarbeit zu groß ist.

In letzterem Falle ist die Brennstoffzufuhr abgestellt, die Rohrleitung verstopft oder der Brennstoff ist verbraucht oder auch die Leitung ist mit Luft gefüllt, ferner kann vom Brennstoff Wasser mitgerissen worden sein.

In beiden Fällen ist die Brennstoffpumpe nebst Rohrleitungen bis zum Brennstoffventil zu entlüften und mit reinem Brennstoff zu versehen. Man löse das Druckrohr am Brennstoffventil und lasse dort den Brennstoff austreten.

Beschreibung eines Zweitaktmotors.

Bei einem Zweitaktmotor sind besondere Spülluftpumpen erforderlich. Die Spülluft tritt mit 0,15—0,25 Atm. kurz vor dem ersten, unterem Hubende des Kolbens in den Zylinder ein, treibt die Verbrennungsgase heraus und füllt gleichzeitig den Zylinder mit reiner atmosphärischer Luft.

Ferner fallen die Auslaßventile für die Abgase weg, hierfür sind unten im Arbeitszylinder Auslaßschlitze angebracht, die der Kolben ca. 15—18 % vor dem unteren Totpunkt frei gibt.

Die Spülluft wird nun entweder von der Deckelseite aus durch Ventile, oder durch Kanäle nach dem Zylinderboden geführt und tritt dort durch Schlitze in den Zylinder ein.

Wie schon eingangs bemerkt wurde, werden Zweitaktmaschinen für größere Leistungen und speziell als Antriebsmaschinen für Seeschiffe verwendet.

Nachstehend soll nun der Schiffsdieselmotor als Hauptmaschine vom Motorschiff „Rolandseck" in seinen einzelnen Details beschrieben, sowie die neuesten Erfahrungen, Betriebsergebnisse und Betriebsstörungen, die sich auf dem Schiffe während der Fahrt herausgestellt haben, im allgemeinen Interesse der Technik und zur Förderung des Motorbaues bekannt gegeben werden.

Der Schiffsdieselmotor vom Motorschiff „Rolandseck"

Derselbe ist ein sechszylindriger, einfachwirkender Zweitaktmotor, System Tecklenborg-Carels von ca. 2000 HP bei 120 Umdrehungen. Zyl. Durchmesser 510 mm, Hub 920 mm.

Wie aus der Abbildung Fig. 6 zu ersehen, ist die Bauart der Maschine dem altbewährten Schiffsmaschienentyp entnommen.

Man erkennt sofort, daß die Maschine auf einer Schiffswerft gebaut worden ist.

Die Konstruktion ist äußerst kräftig gehalten und zeigte die Maschine auf See beim schlechten Wetter keine Vibrationen.

Der Motor ist als eine Kombination von 6 einzelnen Motoren zu betrachten, da jeder Zylinder ganz unabhängig von den anderen ein- und ausgeschaltet werden kann; es sind also die einzelnen Motore unter sich nur durch die Kurbelwelle kombiniert.

Beschreibung der Details.

1. **Zylinderstation.** Jeder Zylinder Fig. 10 enthält einen Einsatzzylinder als Arbeitszylinder, der unten offen und oben durch den Zylinderdeckel verschlossen ist. Der Einsatzzylinder hat unten Schlitze, durch welche die Abgase in einen im Zylinder eingebauten Kanal nach der allgemeinen Abgasleitung entweichen. Der Hohlraum im Zylindermantel ist als Kühlraum benutzt, auch werden die Stege der Auslaßschlitze gekühlt.

Der Zylinderdeckel hat in der Mitte eine horizontale Querwand, der untere Raum ist Kühlraum, der obere Raum wird für die Spülluft benutzt.

Der Zylinderdeckel enthält:

1. **Vier Spülluftventile** Sp. Fig. 7 und Fig. 10.
2. **Ein Anlaßventil** A.
3. **Ein Sicherheitsventil** Sv.
4. **Ein Brennstoffventil** B.
5. **Ein Indikatoranschluß.**

Fig. 6.

1. Die **Spülluftventile** sind gewöhnliche stählerne Tellerventile und werden zwangsläufig durch Hebel 2, Fig. 11, betätigt.

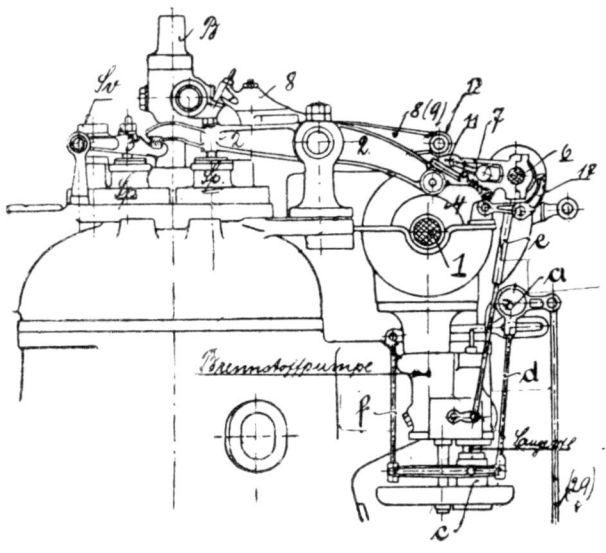

Fig. 11

2. Das **Anlaßventil** ist ein Kegelventil mittels Hebelantrieb (9). Gehäuse und Ventil sind aus Spezialbronze angefertigt.

3. Das **Sicherheitsventil** ist ein Kegelventil aus Nickelstahl und öffnet bei 45 Atm.

4. Das **Brennstoffventil** mit Hebelantrieb (8) ist in der Mitte des Deckels angeordnet und hat in seiner Bohrung einen Zerstäuber nebst Brennstoffnadel, das Gehäuse steht während des Betriebes dauernd unter einem Luftdruck von 50—60 Atm.

Der Zerstäuber besteht aus einem Einsatzzylinder, enthält unten einen Konus mit Rillen und sind auf diesem Konus mehrere Scheiben, mit kleinen Löchern versehen, durch Distanzstücke von einander getrennt, aufgelegt.

Die Brennstoffnadelspitze wird im Grunde des Brennstoffventils sauber eingeschliffen und durch Federdruck geschlossen gehalten.

Beim Anheben der Brennstoffnadel wird nun der von der Brennstoffpumpe zugeführte Brennstoff mittels der Einblaseluft durch den Zerstäuber gedrückt und gelangt dann äußerst fein zerstäubt in den Arbeitszylinder.

Am Fußende des Brennstoffventils ist noch eine Düsenplatte untergeschraubt, die eine richtige kegelförmige Verteilung des Gemisches im Zylinder bewirkt. Ferner sind am oberen Teil des Brennstoffventils 2 Rohranschlüsse für Brennstoff und Einblaseluftzufuhr angebracht.

Die Zylinderdeckel waren anfangs aus Stahlguß, und wurden später verworfen und aus Spezialgusseisen angefertigt.

An den Zylinderdeckeln schließt sich oben die allgemeine Spülluftleitung und unten am Zylindermantel die Abzweigrohre für die allgemeine Abgasleitung an. Auf der einen Seite des Zylinderkomplexes sind 2 nebeneinanderliegende Abgasrohrstränge angeordnet, in jedem Rohrstrang münden 3 Abzweigrohre von Zyl. Nr. 1, 3, 5 u. Nr. 2, 4, 6. Die Verteilung ist so angeordnet, daß ein Ueberströmen der Abgase von einem Zylinder zum andern nicht stattfinden kann.

An die allgemeine Abgasleitung schließt sich dann der Schalldämpfer und das Auspuffrohr im Schornstein an.

Die Abgase wurden anfangs mit, direkt in der Abgasleitung, eingespritztem Seewasser gekühlt, jedoch schieden sich ungeheure Mengen Bestandteile Salz etc. aus, welche die Rohrleitungen teilweise verstopften. Diese Anordnung wurde verworfen und werden jetzt die Abzweigrohre als indirekt gekühlte Rohre ausgeführt.

Steuerung und Umsteuerung.

A. Steuerung.

Alle Ventile, Fig. 7, auf dem Zylinderdeckel werden durch zweiarmige Hebel, deren Stützpunkt auf dem Zylinderdeckel ist, betätigt. Diese Hebel werden wiederum von unrunden Scheiben (Nockenscheiben) die alle gemeinsam auf einer, vor den Zylindern horizontal gelagerten Antriebswelle, betätigt.

Diese Antriebswelle Fig. 7 (1) wird mittels gusseiserner Schraubenräder und einer vertikalen Hilfswelle direkt von der

Kurbelwelle aus so angetrieben, daß die Welle (1) dieselben Umdrehungen macht, wie die Kurbelwelle.

Vor der Antriebswelle (1) sitzen nur für jeden Zylinderdeckel je eine Nockenscheibe für die beiden Spüllufthebel (2) sowie zwei Paar Nockenscheiben nebeneinandersitzend (Vorwärts und Rückwärtsgang) für Brennstoffhebel (3) und Anlaßhebel (9).

Alle Nockenscheiben werden in bestimmten, konstruktiv fest gelegten Winkel fest aufgekeilt, nur bei den Brennstoffnockenscheiben sind die Nocken verstellbar angebracht, um diese bei den Versuchsfahrten richtig einstellen zu können.

Wie Fig. 7 zeigt, berühren die Spüllufthebel direkt die Nockenscheiben, wogegen beim Anlaß- und Brennstoffhebel ein Schuh mit verstellbarem Keilstück zwischen geschaltet ist. Dieser Schuh überträgt während des Betriebes den Ausschlag der Nockenscheibe direkt auf den Hebel und durch Drehen der Manöverwelle (6) vom Maschinistenstand aus durch die unrunde Scheibe, Fig. 13 (14) wird das Keilstück (11) ein- und ausgeschoben, somit der Hebel resp. das Ventil in- und außer Betrieb gesetzt wird.

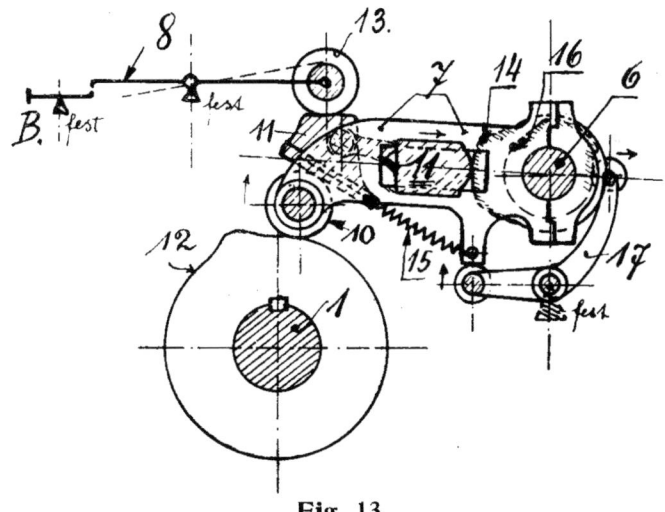

Fig. 13

Bei Haltstellung wird die Manöverwelle durch Drehen des Handrades am Maschinistenstand so verdreht, daß die Keilstücke von allen Schuhen eingeschoben sind und gleichzeitig auch die

Schuhe von den Nockenscheiben (12) abgehoben werden, sodaß die Nocken das Verschieben der Schuhe mittels der Manöverwelle nicht hindern können.

B. Umsteuerung.

Die Umsteuerung geschieht durch den Luftservomotor, derselbe ist beim Maschinenstand in liegender Stellung angebracht. Die Ausführung und Wirkungsweise des Servomotors ist wie die bekannte Brownsche Umsteuerungsmaschine. Es ist ein Luftzylinder und ein Bremszylinder für Oel, in einer Ebene liegend, vorhanden und beide Kolben sitzen auf einer gemeinschaftlichen Stange und ist diese Stange am Ende als Zahnstange ausgebildet. Von dieser Zahnstange aus wird ein Zahnrad betätigt, welches auf einen querliegenden Kurbelzapfen gekeilt ist.

Dieser Kurbelzapfen ist mit der vertikalen Hilfswelle durch Hebel und Zugstangen verbunden und wird diese Welle beim Umsteuern **gehoben** oder **gesenkt**.

Gleichzeitig ist auch ein Gestänge von der Manöverwelle aus mit der Umsteuerung verkuppelt, sodaß die Manöverwelle beim Heben und Senken der vertikalen Hilfswelle, mittels Zahnsegment in seiner Längsrichtung **verschoben** wird. Dieses Verschieben der Manöverwelle bewirkt, daß alle Schuhe, die in Haltstellung abgehoben sind, über die Vorwärts- oder Rückwärtsnockenscheiben verschoben werden. Die Rollen Fig. 7 (13) in den Anlaß- und Brennstoffhebeln sind so breit gehalten, daß die verschiebbaren Keile stetige Auflage behalten.

Falls der Servomotor versagt, wird durch Einschaltung eines Schneckenrades mittels Handrad die Umsteuerung von Hand bewirkt.

Durch das Umsteuern resp. Heben und Senken der vertikalen Hilfswelle wird, da der Motor still steht, eine Verdrehung der Hilfswelle und horizontalen Antriebswelle durch die Schraubenräder bewirkt. Die Antriebswelle wird um einen Winkel von 32⁰ verdreht, somit werden auch alle Nockenscheiben diese entsprechende Lage einnehmen.

Durch die Verdrehung der Antriebswelle wird die Betätigung der Spülluftventile beeinflußt. Wie schon vorher bemerkt wurde, treten beim Oeffnen der Auspuffschlitze zuerst die Verbrennungsgase aus, gleich darauf öffnen sich die Spülluftventile und treiben die Abgasen vor sich her. Es werden also beim Niedergang des Kolbens, zuerst durch den Kolben die Auslaßschlitze geöffnet, dann erst die Spülluftventile betätigt. Beim Aufgang des Kolbens ist es umgekehrt, es werden zunächst die Schlitze und dann die Spülluftventile geschlossen. Die Fig. 15 gibt noch eine schematische Darstellung der Wirkungsweise der Verdrehung der Nockenwelle auf den Gang der Spülluftventile.

Die gezeichnete Nockenstellung entspricht der unteren Totpunktstellung des Kolbens für den mit „Vw" bezeichneten Drehsinn der Nockenwelle. Es hat ein Voröffnen des Spülventils, entsprechend dem Winkel b, der gleichzeitig der betreffende Voreilwinkel der Kurbel vor dem unteren Totpunkt ist, stattgefunden. Der Beginn der Spülung muß, wie schon angedeutet, kurz nach dem Oeffnen der Auspuffschlitze durch den Kolben erfolgen. Die ganze Oeffnungsdauer des Spülventils entspricht dem Drehwinkel m + 2 b. Da die beiden Winkel b einander gleich sind, so wird die Nocke nach einer Verdrehung der Nockenwelle um den Winkel m in der Richtung des punktiert gewesenen Pfeiles, für den „Rw" bezeichneten Drehsinn wieder in dem richtigen Zeitpunkte das Oeffnen und Schließen der Spülventile bewirken.

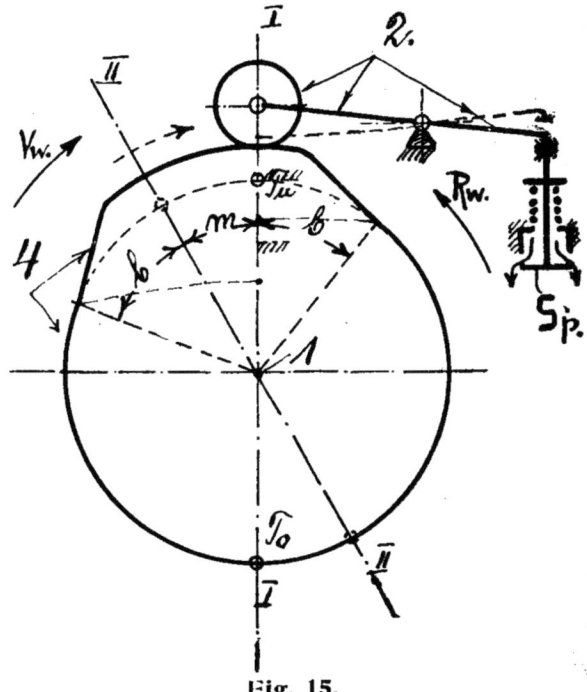

Fig. 15.

Die Achse II—II ist jetzt die **Totpunktachse** für „Rw".

Brennstoffpumpen, Filter und Brennstofftanks.

A. Brennstoffpumpen.

An jedem Zylinder, Fig. 11 ist eine Brennstoffpumpe angebracht, sie ist eine einfachwirkende Kolbenpumpe, die mittels Exenter von der Antriebswelle betätigt wird.

An jeder Pumpe ist eine Reguliervorrichtung angebracht, die direkt auf den Hub des Saugeventils wirkt. Es wird also bei geringerer Belastung der Maschine das Saugeventil während des Druckhubes etwas offen gehalten, damit das angesaugte Oel wieder teilweise in den Saugeraum zurückfließen kann, wogegen bei Volllast das Saugeventil während des Druckhubes geschlossen bleibt.

Diese Reguliervorrichtung beeinflußt nun durch eine gemeine Welle (a) mittels Excenterantriebes alle Pumpen gleichartig.

Die Welle (a) wird vom Maschinistenstand durch einen Hebel mittels Gestänge (29) bewegt. Durch diesen Hebel, der im Segment geführt ist, wird beim Manöver und während des Betriebes der Hub der Saugeventile genau eingestellt.

Ferner wirkt der Regulator Fig. 7 (30) auf diese Welle, der Regulator ist für eine bestimmte Tourenzahl eingestellt, wird diese Zahl überschritten, dann wird sofort das Saugeventil je nach Bedarf teilweise oder soweit geöffnet, daß die Leistung der Maschine bis auf Leerlaufarbeit sinkt.

Während des Betriebes wird nun durch Stange f, welche sich stetig mit bewegt, auch die Führung, welche für das Saugeventil als Hubbegrenzung dient, mitbewegt. Wird durch das Gestänge (29) die Stange d verlängert, ist der Hub größer, beim Verkürzen dagegen kleiner.

Beim Stoppen der Maschine wird durch Stange e das Saugeventil ganz offen gehalten. Die Stange e steht mit der Manöverwelle durch einen Schnepper in Verbindung.

B. Filter.

Es sind zwei umschaltbare Filter vorhanden. Der Filter besteht aus einem gusseisernen Behälter mit einem Einsatz, der mit Messingsieb und Filtertuch bewickelt wird. Unten am Filter sind Entwässerungen angebracht und muß hier zeitweise das ausgeschiedene Wasser abgelassen werden.

C. Brennstofftank.

Im Maschinenraum sind 2 Brennstofftanks à 80 Tons untergebracht. Von diesen Tanks aus wird mit einer an der Hauptmaschine angekuppelten Brennstoffförderpumpe das Gasöl nach zwei Setztanks (à 2 Tons) befördert, die oben im Heizraum stehen. Von hier aus wird das Gasöl nach den Filtern und dann durch die Saugerohrleitung nach den Brennstoffpumpen befördert.

Die Bunker und Setztanks müssen mit Wasserschlagplatten versehen sein, damit beim Rollen des Schiffes die Flüssigkeit möglichst in Ruhe bleibt.

4. Kolben, Uebertragungsteile und Kurbelwelle.

A. Kolben.

Die Zylinder sind unten offen und ist der Kolben mit einer langen Laufbüchse versehen, die den Zylinder unten abdichtet. Figur 10.

Der Kolben ist zweiteilig ausgeführt, der Kolbenkopf ist ein hohler Körper und oben taschenartig ausgebildet. Er ist auf der Kolbenstange aufgeschraubt und dient zur Aufnahme von 7 Kolbenringen (Ramsbottom) mit starker Federung. Der Kolbenkopf ist unten im Durchschnitt 2 mm schwächer, verläuft nach oben konisch und ist dort im Durchschnitt 4 mm schwächer gehalten als die Zylinderbohrung, da der Körper sich verschieden ausdehnt.

Der Hohlraum dient als Kühlraum und wird das Kühlwasser durch die hohle Kolbenstange mittels Kupferrohre hinein- und herausgeführt.

An den Kolbenkopf schließt sich dann der Kolbenführungszylinder an, der ebenfalls auf der Kolbenstange angeschraubt ist. Das obere Ende der Führung faßt über einen am Kolben befindlichen Ansatz und ist dort etwas Spiel gelassen, um eine freie Ausdehnung zu gewähren.

Unten im Zylinder ist eine Stoffbüchse Figur 10 (K) mit je 2 innenspannende Kolbenringe angebracht. Zwischen den Kolbenringen sollen die austretenden Gase entweichen. Anfangs saugten die Spülluftpumpen die Gase ab, was jedoch nicht zu empfehlen ist. Die oberen Ringe wurden herausgenommen, damit die Gase leichter entweichen können und das Absaugerohr ins Freie geleitet.

B. Uebertragungsteile.

Die Kolbenstange ist im Kreuzkopf befestigt, der Kreuzkopf mittels Gleitschuh in der einseitigen Gleitbahn geführt. Die Pleuelstangen sind äußerst kräftig ausgeführt und die Kreuzkopf- und Kurbellager mit großer Tragfläche versehen.

Kolbenkühlung.

Wie Figur 9 zeigt, ist seitlich am vorderen Maschinenständer ein ovaler Wasserzylinder Kw angeschraubt, der in der Mitte durch eine Längswand getrennte Räume hat. In diesen Räumen arbeiten 2 hohle Messingkolben I und II von verschiedenen Durchmessern. Diese Kolben sind oben an einem Stahlgußhebel angeschraubt und durch Rohre mit der Kolbenstange verbunden. Der Hebel ist am Kreuzkopf befestigt und erhält von ihm seine Bewegung. Der größere Kolben hat im Fußende einen Rückschlagkegel und oben am Wasserzylinder ist ein Ueberlauf geschaffen.

Die Arbeitsweise dieser Vorrichtung ist folgendermaßen:

Das Wasser tritt von der allgemeinen Kühlleitung oder separat von Außenbord unten im Messingkolben I ein, beim Niedergang des Kolbens öffnet sich das Rückschlagventil und der Kolben wird gefüllt; beim Aufwärtsgang wird das Wasser mitgenommen, es wird also dauernd Wasser nachgefüllt und durch die Beschleunigung der Wassersäule, das Wasser nach dem Kolbenkopf geschleudert, von hieraus tritt es dann durch die andere Rohrleitung und den kleineren Kolben II freifallend aus und wird nach der Bilge abgeleitet.

C. Die Kurbelwelle.

Die Kurbelwelle besteht aus drei gleichen auswechselbaren Einzelteilen mit je zwei um 180° versetzten Kröpfungen. Durch

Fig. 7.

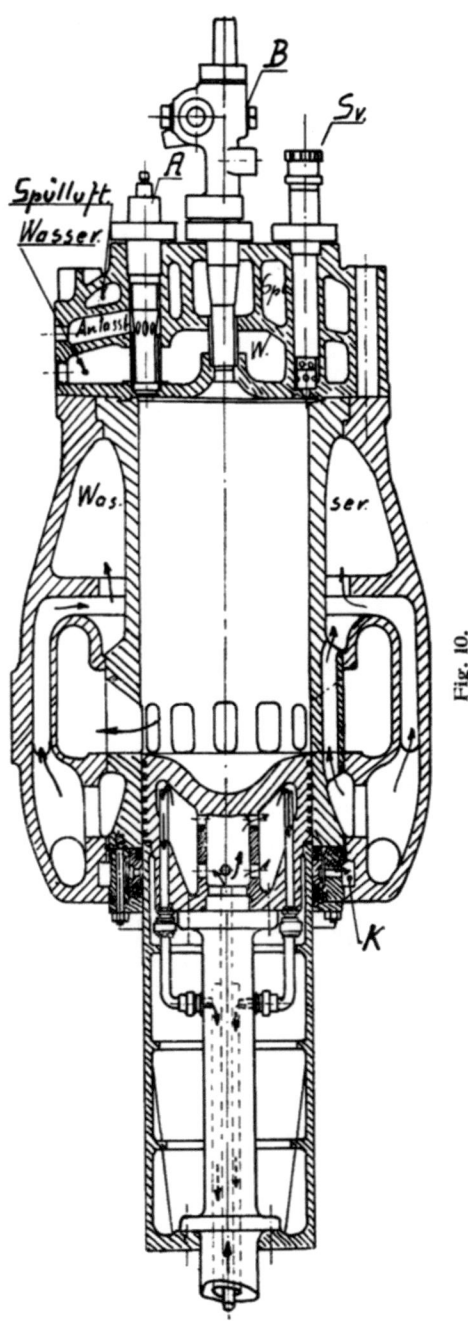

Fig. 10.

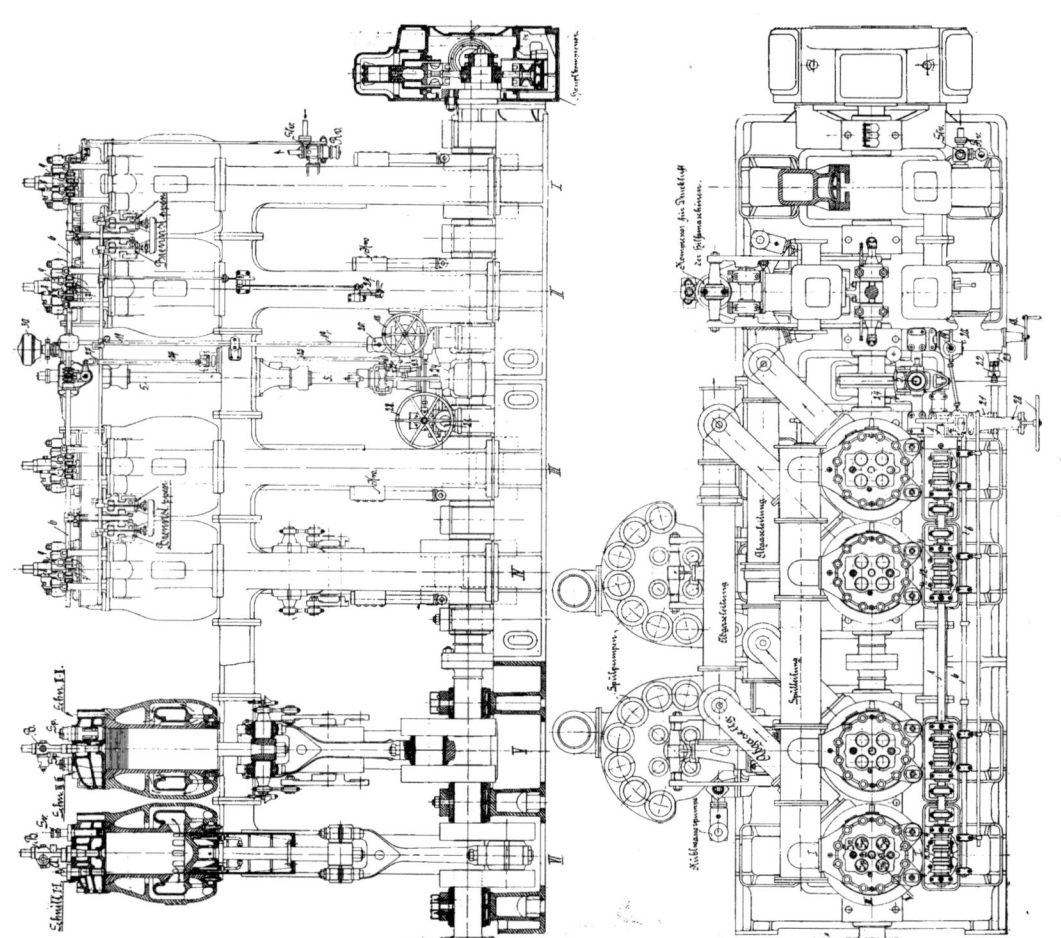

Versetzungen der einzelnen Teile um 120° entsteht schließlich eine Kurbelanordnung mit 6 um 60° versetzten Kurbeln, die für ein verhältnismäßig gleichmäßiges Tangentialdruckdiagramm Gewähr leistet.

D. Der Unterbau. (Siehe Figur 14.)

Die Grundplatte und Maschinenständer sind ganz dem Schiffmaschinenbau entnommen. Die Grundlager haben stets einseitigen Druck, da der Druck nur von oben kommt, es müssen daher die unteren Lagerschalen kräftig geschmiert und gekühlt werden. Vorne an der Kurbelwelle ist eine Stirnkurbel angekuppelt zum Antrieb des Hauptkompressors und hinter dem letzten Grundlager ist ein 7 Tons schweres Schwungrad aufgekeilt.

E. Die Spülluftpumpen.

Es sind 2 doppelwirkende Spülluftpumpen vorhanden von 870 mm Zylinderdurchschnitt 760 mm Hub. Gehäuse, Deckel und Kolben sind aus Gußeisen hergestellt, der Kolben hat 2 gußeiserne Spannringe. Zylinderdeckel und Boden werden gekühlt. Jede Pumpe hat oben und unten je 7 Saug- und Druckventile, die aus dünnen Stahlplatten mit geringem Hub und Federdruck arbeiten. Die Pumpen saugen die Luft direkt aus dem Maschinenraum durch ein vertikales Rohr mit Schlitzen als Schalldämpfer. Die Druckleitung geht dann nach der allgemeinen Spülluftleitung.

Die beiden Pumpen werden durch Balancier von Maschine Nr. 4 und 5 angetrieben.

F. Der Ruderluftkompressor.

Der Ruderkompressor wird von Maschine Nr. 2 mittels Balancier betrieben. Der Kompressor ist zweizylindrig und arbeitet einstufig. Jeder Zylinder saugt separat die Luft an und sind 2 Lufttanks im Maschinenraum angebracht, in dem einen Tank arbeitet die ND-Stufe gegen 7 Atm. und in dem andern die ND-Stufe gegen 20 Atm. Diese beiden Tanks sind mit einem Reduzierventil verbunden. Fällt der Druck in den ND-Tank unter 6 Atm., so strömt die Luft aus dem HD-Tank über und schließt das Reduzierventil bei 7 Atm. wieder. Vom ND-Tank wird die Luft direkt zur Rudermaschine und zu den

Hülfsmaschinen geleitet. Die Luft nach der Rudermaschine wird noch extra durch die Abgase vorgewärmt.

G. Die Kompressoren.

Alle Kompressoren sind von Reavell & Co., Ipswich in England bezogen.

Der Hauptkompressor ist direkt an der Kurbelwelle der Hauptmaschine, mittels Stirnkurbel, angekuppelt Fig. 6 und 8 sichtbar und in Figur 16 als Schnittzeichnung dargestellt. Der Kompressor ist 4-zylinderig und arbeitet 3stufig. Es sind 2 ND Zylinder, die horizontal sich einander gegenüberliegen, 1 MD Zylinder unten und 1 HD Zylinder in vertikaler Richtung liegend. Alle 4 Zylinder sind von einem gußeisernen Gehäuse umgeben, der als Kühlraum dient und sind ebenfalls in dem Gehäuse Luftreceiver untergebracht, die besonders als Kühler eingerichtet sind und die stufenweise komprimierte Luft intensiv kühlen müssen.

Die beiden ND Zylinder saugen die Luft durch 5 mit „Sv" bezeichnete Saugeventile in der Pfeilrichtung aus dem mittleren Gehäuseraum an und drücken sie durch die Druckventile „Dv" nach dem linken ND Zwischenkühler, wobei die Luft des rechten Zylinders einen langen Weg durch den gekühlten Gehäuseteil durchströmen muß. Aus dem ND Zwischenkühler saugt der untenliegende MD Kolben die Luft durch 3 Saugeventile „Sv" ab und drückt sie durch 3 Druckventile („Dv") in den rechten MD Zwischenkühler. Sauge- und Druckrohre liegen wieder im Kühlraum. Aus dem MD Zwischenkühler führt ein längeres Saugerohr durch das Wasser nach den HD Saugeventilen „Sv" und von den Druckventilen Dv ein solches in Spiralführung nach außen. Der Weg der Luft ist durch Pfeile (Figur 14) gekennzeichnet und geht dann zu den Luftflaschen resp. Anlaß- und Einblaseflaschen.

Das Kühlwasser tritt unten im Gehäusekühlraum ein und oben aus und wird dann über Bord geleitet. Auf der oberen Haube ist ein Sicherheitsventil angebracht. Ferner erhalten die beiden Luftreceiver Sicherheits- und Entwässerungsventile.

Die Schubstangen sind in den Schwungzapfen befestigt, die Schwungzapfen bewegen die Kolben und umfassen mit

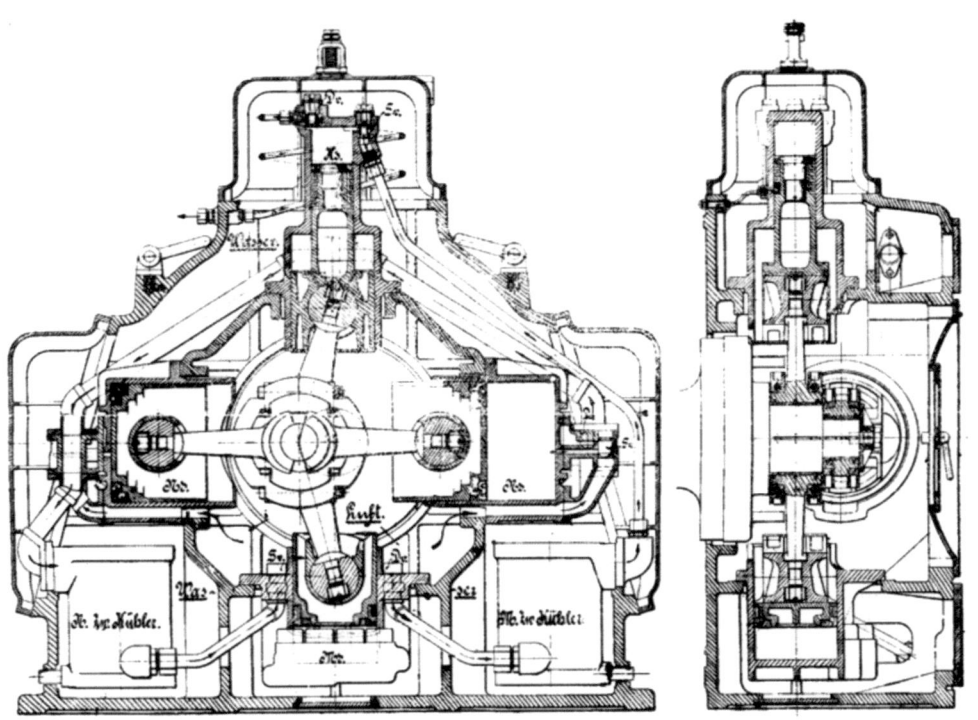

Figur 16.

Weißmetalllagerung direkt den Kurbelzapfen, der starke Ansatz bedient HD- und MD-Kolben, der schwächere die beiden ND-Kolben. Die Pleuelstangenlagerung wird unter sich durch bronzene Schleifbügel gehalten.

Außerhalb des Gehäuses ist eine Schmierpumpe angebracht, durch welche alle Teile automatisch geschmiert werden.

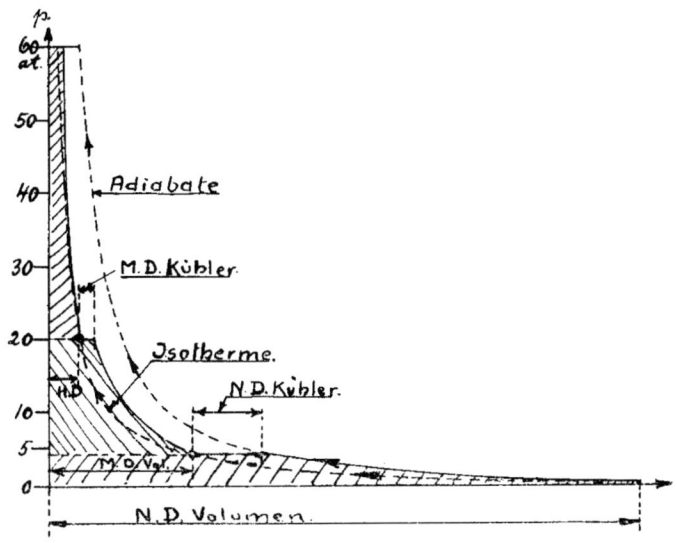

Figur 15.

Die Fig. 15 soll an Hand eines theoretischen Diagramms den Kompressionsvorgang erläutern. Das Diagramm ist maßstäblich für eine Kompression von 1 Atm. absolut bis auf 60 Atm. abs. gezeichnet; die eingetragenen Zylindervolumen entsprechen denjenigen der Figur 16.

Würde die Kompression ohne Kühlung, also ohne Wärmeentziehung erfolgen, so würde die Kompressionslinie einen adiabatischen Verlauf nach der punktiert gezeichneten Adiabate haben müssen. Dabei würde die Temperatur ohne Berücksichtigung der schon zu Anfang der Kompression durch die heißen Wandungen an die Luft abgegebenen Wärme auf ca. 700° steigen, in Wirklichkeit noch höher, eben durch die Wärmeströmung in den heißen Wandungen. Schon aus diesen Gründen ist eine wirksame Kühlung erforderlich, um die Maschine überhaupt betriebsfähig zu machen. Durch ND und MD Zwischenkühler sowie durch die Kühlung der Luft in den Sauge- und Druckrohren wird eine Abkühlung auf angenäherte Anfangs- temperatur und damit eine Volumenverkleinerung um die im Diagramm angedeuteten Strecken (ND Kühler und MD Kühler) erreicht. Dadurch wird außer der Temperaturerniederung ein bedeutender Arbeitsgewinn erzielt. Die aufzuwendende Arbeit ist durch Schraffur angedeutet; ohne Kühlung müßte die Schraffur bis an die Adiabate gehen, also eine bedeutend größere Fläche und damit einen größeren Arbeitsaufwand umfassen.

Die günstigste Kompressionslinie ist die Isotherme mit immer gleichbleibender Temperatur. Diese Kompressionslinie ist auch eingezeichnet. Die Kompression im Reavell-Kompressor kommt dieser Isotherme sehr nahe, noch näher, als das schaffierte Diagramm angibt, da auch die Zylinder selbst, namentlich die den höchsten Druck aufnehmenden Enden, außerordentlich gekühlt werden, sodaß die Temperatur tatsächlich, wie schon angedeutet, nur ganz wenig höher als die Temperatur der angesaugten Luft ist.

Außer dem Hauptkompressor ist noch ein Manöverkompressor vorhanden, der ca. $^2/_3$ Leistung des Hauptkompressors besitzt, und wie Figur 5 zeigt, dieselbe Konstruktion hat mit kleinen Abänderungen wie letzterer.

Der Manöverkompressor wird von einem Viertaktmotor 100 P. S. e. angetrieben. Die Bauart des Motors ist die nämliche, wie der nebenstehende Lichtmotor von ca. 30 P. S. e.

Beide Motore haben einen separaten Einblasekompressor. Diese Kompressoren sind 3-zylinderig und arbeiten dreistufig. Die ND und HD-Kolben werden gemeinschaftlich von einer Schubstange betätigt, der MD liegt unten und wird von der zweiten Schubstange angetrieben.

H. Die Kühlwasseranlage.

Es sind 2 Kühlpumpen vorhanden à 30 Tons stündlicher Leistung, die später um 50% vergrößert wurden. Diese Pumpen saugen durch Schlammkästen das Wasser aus See an und drücken es nach einem Wassertank, der auf Bootsdeck liegt. Dieser Tank ist mit einer Ueberlaufleitung nach Außenbords versehen. Von diesem Tank aus führt die Entnahmeleitung nach der Zylinderstation, hier ist ein Rückschlagventil eingeschaltet, welches von der Steuerung beim Stoppen der Hauptmaschine geschlossen und beim Anlassen geöffnet wird. Das Wasser geht dann durch sämtliche Zylinder, Zylinderdeckel, indirekt gekühlte Abgasrohre und von dort über Bord. Für jeden Zylinder sind Absperrventile vorhanden, durch welche man die Kühlung regulieren kann.

Eine zweite Leitung führt nach unten, nach der Kolbenkühlung, den Kompressoren und die allgemeine Kühlleitung. Die Kolbenkühlung und allgemeine Kühlleitung erhalten durch Umschaltung beim vollbeladenem Schiffe ihr Wasser von Außenbord, da dieser Abfluß nach den Bilgen führt.

I. Die Schmieranlage.

Anfangs war Dochtschmierung vorgesehen, welche vollständig verworfen und durch automatische Schmiervorrichtungen (Schmierpumpen) ersetzt wurde. Alle Lager sind mit Rundlaufschmierungen versehen.

Das Manöverieren.

Alle Dieselmotoren werden mit komprimierter Luft in Betrieb gesetzt.

Es sind hierfür 5 Luftflaschen (Anlaßflaschen) vorgesehen, die dauernd mit einem Druck von 70 Atm. gefüllt sind. Ferner sind 2 Einblaseflaschen vorhanden, eine für die Hülfsmaschinen, die andere für die Hauptmaschine, welche während des Betriebes dauernd von den Einblasekompressoren resp. Hauptkompressor unter Druck gehalten werden.

Die Anlaßflaschen haben Absperrventile und können unter sich durch ihre Rohrleitungen verbunden werden. Diese Rohrleitung führt dann zu den Anlaßventilen und ist an den Zylinderdeckeln angeschraubt. In der allgemeinen Anlaßleitung ist ein Reduzierventil verbunden mit einem Stoppventil eingeschaltet. Das Reduzierventil reduziert die Luft auf ca. 35 Atm. Spannung, welche zum Manöverieren gebraucht wird. Ferner ist das Stoppventil mittels Gestänge mit der Steuerung verbunden, welches bei Haltestellung den Luftzutritt absperrt, damit die

Anlaßleitung entlastet wird und keine Luft durch Undichtigkeiten der Anlaßventile verloren gehen kann. Auch schließen sich an diese Rohrleitung die Luftdruckrohre vom Haupt- und Manöverkompressor an und sind in den letzteren Druckrohren Rückschlagventile eingeschaltet, welche das Ausströmen der Luft bei Rohrbrüchen oder sonstigen Defekten der eigentlichen Kompressoren absperren.

Die Einblaseflaschen sind ebenfalls durch Rohrleitungen mit den Anlaßflaschen, sowie mit dem Haupt- und Manöverkompressor verbunden und geht je eine Leitung zu den Brennstoffventilen der entsprechenden Maschinen. Ferner haben die Einblaseflaschen eine separate Rohrleitung, die nach einer Ventilgruppe führt, diese Ventilgruppe steht durch enge Kupferrohren mit jeder Anlaßflasche bei verschlossenem Ventil in Verbindung. Mit dieser Ventilgruppe kann die Luft von einer Flasche zur anderen übergefüllt werden, desgleichen kann man die Einblaseflaschen mit jeder einzelnen Anlaßflasche verbinden, ohne die Absperrventile zu öffnen.

Sollen nun mehrere Manöver ausgeführt werden, so wird der Hülfskompressor (Manöverkompressor) in Betrieb genommen und eine Anlaßflasche geöffnet. Die zum Manövrieren verbrauchte Luft wird dann dauernd durch den Hülfskompressor ersetzt.

Jetzt werden alle Absperrventile am Hauptkompressor, Einblaseflaschen etc. zum Hauptmotor geöffnet und die Einblaseflasche mit Luft von ca. 50 Atm. Spannung durch Ueberfüllen aus einer Anlaßflasche gefüllt.

Ferner werden am Hauptkompressor alle Entwässerungen und das Absperrventil am ND-Receiver geöffnet, sodaß die angesaugte Luft größtenteils wieder ausgeblasen wird. Hierdurch wird der Hauptkompressor möglichst entlastet, um letzteren vor den Stößen beim Anfahren zu schonen. Die Entwässerungen blasen etwaige Wasserniederschläge ab, die sonst Brüche verursachen, da die Kompressoren mit 1 mm schädlichen Räumen arbeiten und ist dieses sehr wichtig. Es können nämlich, da alle Räume dauernd von Wasser umspült, leicht kleine Leckagen auftreten und solche Leckagen sind ohne größere Demontage nicht zu finden. Dieses ist ein großer Nachteil.

Im übrigen sind die anderen Punkte, wie schon bei der Inbetriebsetzung des Viertaktmotors erwähnt wurde, zu berücksichtigen. Der Kühltank muß mit Wasser gefüllt sein, die Brennstoffpumpen sind anzustellen, ferner ist die Druckrohrleitung der Brennstoffpumpen zu entlüften, da sich bei längerem Aufenthalt im Hafen Wasser und Luft absondert und ist hierfür kurz vor dem Brennstoffventil ein Entlüftungsventil zum Entlüften der Leitung angebracht.

Die Maschine ist nun fertig zum „Anlassen" und ist am Maschinistenstand die Bedienung der Manöverwelle mittels Handrad angebracht. Gleichzeitig wird hiermit ein Zeiger auf einer Manöverscheibe bewegt, der die jeweilige Stellung der Manöverwelle angibt.

Bei Haltstellung steht der Zeiger oben, wird die Manöverwelle soweit gedreht, daß der Zeiger eine $^1/_4$ Umdrehung gemacht hat (6 Luft), dann werden die Schuhe (vergleiche Steuerung), die bislang abgehoben waren, auf die dem Drehsinne der Maschine entsprechende Nockenscheibe aufgelegt und gleichzeitig die Keile für Anlaßhebel eingeschoben. Es sind jetzt alle 6 Zylinder auf Luft eingeschaltet, da die einzelnen Kurbel um 60° versetzt und mit 50 % Füllung arbeiten, muß die Maschine sofort anspringen.

Das Weiterdrehen der Manöverwelle bewirkt nun, daß nacheinander die Zylinder von Luft auf Brennstoff eingeschaltet werden. Bei $^3/_8$ Umdrehung des Zeigers wird Zylinder Nr. 1 auf Brennstoff geschaltet; bei $^1/_2$ Umdrehung Zylinder Nr. 3 und 5, bei $^5/_8$ Umdrehung Zylinder Nr. 4 und bei $^3/_4$ Umdrehung Zylinder Nr. 2 und 6 auf Brennstoff geschaltet. Es stehen jetzt alle 6 Zylinder auf Brennstoff und die Maschine arbeitet „Volle Kraft."

Es ist nun eine Hauptbedingung, möglichst wenig Luft beim Manövrieren zu verbrauchen und können im günstigsten Falle schon nach einer Umdrehung der Kurbelwelle 3 Zylinder zum Zünden gebracht werden, sodaß bei der zweiten Umdrehung alle 6 Zylinder auf Brennstoff geschaltet sind. Man schalte, sobald die Maschine ihre Geschwindigkeit erreicht, nach halber Drehung des Zeigers auf 3 Brennstoff, 3 Luft, verweile dort, bis der Motor zündet und schalte dann auf 6 Brennstoff. Es wird nun die Maschine mit großer Geschwindigkeit arbeiten und ist hierfür der Handhebel vorgesehen, welcher jetzt den Gang der Maschine durch Hubbegrenzen der Saugeventile der Brennstoffpumpen reguliert. Mit diesem Hebel kann die Geschwindigkeit der Maschine genau eingestellt werden, und wurde als Minimum 33 Umdrehungen pro Minute erreicht.

Wird die Maschine gestoppt, so drehe man den Zeiger, nach einer vollen Umdrehung auf „Halt:" Es sind jetzt alle Keile eingezogen und die Schuhe von den Nockenscheiben abgehoben.

Soll die Maschine umgesteuert werden, so wird der Servomotor in Tätigkeit gesetzt und ist eine Verblockung an beiden Gestängen vorgesehen, die bewirkt, daß der Servomotor sich nicht bewegt, wenn der Zeiger nicht genau auf Halt steht, und umgekehrt läßt sich das Handrad der Manöverwelle nicht bewegen, wenn die Steuerung nicht ganz ausgelegt ist.

Die ganze Steuerung ist sehr sinnreich und praktisch ausgeführt, sodaß die Manöver schnell und sicher ausgeführt werden.

Der Luftverbrauch beim Manöver ist nun sehr verschieden, es liegt in der Uebung wie auch in der Beschaffenheit des Motors, ob keine größere Undichtigkeiten vorhanden sind etc. Im günstigsten Falle fällt der Druck der Anlaßluft um 8—10 Atm., wird gleichzeitig umgesteuert 12—15 Atm.

Bei etwaigen Zylinderdefekten, wie gerissene Zylinderdeckel und Kolben ist der Luftverbrauch enorm und müssen dann die Manöver möglichst beschränkt werden, immerhin schafft der Manöverkompressor ziemlich viel Luft, sodaß man in den schwierigsten Fällen noch immer manöverierfähige Maschine behält.

Sind die Manöver beendet, und das Schiff hat glatte Fahrt, so wird der Hauptkompressor belastet, alle Luftflaschen gefüllt und der Manöverkompressor abgestellt.

Falls der Hauptkompressor zu viel Luft schafft, wird das Ventil am ND-Luftreceiver geöffnet, und die überschüssige Luft entweicht ins Freie.

Betriebs-Ergebnisse
vom Motorschiff „Rolandseck".

Das Motorschiff „Rolandseck" hat eine Reise nach Sunderland und zwei Reisen nach Portugal vollendet und ging dann zur Werft seiner Erbauerin, um nach den erzielten Erfahrungen verschiedene Verbesserungen an der maschinellen Anlage vorzunehmen.

Die Hauptmaschine ist nicht wie bei anderen Schiffen gleichen Typs auf einem Prüffeld in der Werkstatt eingefahren, sondern gleich ins Schiff eingebaut worden unter Benutzung des Schiffes als Prüffeld.

Es wurden während der Bauzeit zwei Versuchsfahrten und die Probefahrt von üblicher Betriebsdauer abgehalten und darauf das Schiff der Fahrt übergeben.

Von Anfang an war das Wetter stets ungünstig, zeitweise wurde die Fahrt wegen hohen Seeganges reduziert. Auch ist das Fahrwasser an der portugiesischen Küste äußerst gefährlich. Es erfordern die Einfahrten, speziell Oporto, viele Maschinenmanöver. Es war daher für das Maschinenpersonal eine schwere Aufgabe, unter diesen Umständen eine derartige neue und von der bisherigen Dampfanlage in jeder Beziehung abweichende Anlage einzufahren.

Die Praxis hat, wie vorauszusehen war, verschiedene Mängel gezeigt, und gleichzeitig sind viele nützliche Erfahrungen gesammelt worden. Die Ursachen der sog. Kinderkrankheiten werden jetzt auf der Werft beseitigt. Im Nachfolgenden soll eine allgemeine Beurteilung der Bedienung einer Dieselmotoranlage auf Seeschiffen veröffentlicht werden. Die Betrachtung bezieht sich auf den Betrieb des „Rolandseck" und entspringt der persönlichen Erfahrung und Auffassung des Verfassers.

Die Bauart der Hauptmaschine vom „Rolandseck" ist ganz dem altbewährten Schiffsmaschinentyp entnommmen. Im Gegensatz zu den sonst vollständig geschlossenen Motoren ist diese Maschine offen gehalten und kräftig gebaut, wodurch ein guter Ueberblick, bequemes Nacharbeiten der Lager und die nötige Stabilität der Maschine bei schlechtem Wetter gewährleistet wird, was auch die Praxis erwiesen hat.

Die Hauptmaschine hat im allgemeinen sehr gut gearbeitet, besonders in schlechtem Wetter beim Stampfen des Schiffes, wo die Maschine unregelmäßig arbeiten muß, ist ein Motor der Dampfmaschine überlegen, da er exakt reguliert und hierdurch stoßfrei arbeitet.

Der Regulator arbeitete ganz präzise und stellte bei Tourenschwankungen sofort die Brennstoffzufuhr an jedem Zylinder ein. Hierdurch wird erreicht, daß die einzelnen Zylinder gleichzeitig alle sofort mit geringerer Belastung und umgekehrt gleich wieder mit Vollast arbeiten, was in diesem Maße bei einer Dampfmaschine nie zu erreichen ist.

Bei einer Schiffsdampfmaschine drosselt bekanntlich der Aspinall den Dampf an HD-Zylinder, es bleiben also immer noch die Receiver mit Dampf gefüllt.

Die Verbrennung der Hauptmaschine war ohne Tadel, es wurde mit 50—56 Atm. eingeblasen und der Spülluftdruck auf 0,25 Atm. gehalten.

Die Abgase wurden anfangs mit direkt eingespritztem Seewasser gekühlt, wodurch der Schall bedeutend gedämpft wurde. Es schieden aber Bestandteile (Salz) aus, auch wurde der Gegendruck durch sich bildende Dämpfe zu groß, so daß die Kolbenführungen dauernd schwarz und trocken liefen, die Abgastemperatur betrug ca. $100°$ C.

Es wurde im weiteren ohne Wasserkühlung gefahren. Es stieg die Temperatur in der Abgasleitung bei 100 Umdrehungen auf $250—275°$ C. Die direkte Wassereinspritzung in die Abgasleitung wurde verworfen, und die Abzweigrohre der Abgasleitung wurden als indirekt gekühlte Rohre ausgeführt.

Das Kühlwasser wurde von zwei Pumpen à 30 Tons Leistung beschafft, die um 50% vergrößert werden. Bei $10°$ C. Seewassertemperatur stieg das Abflußwasser der Zylinder auf 35 bis $40°$ C., das der Kolben auf 32 bis $37°$ C. Besonderes

Augenmerk ist auf die Kolbenkühlung zu richten. Es bilden sich dort leicht Dampfsäcke, die dem Kühlwasser den Zutritt verhindern. Es dauert dann eine geraume Zeit, bis dieselben vernichtet sind. Die Kolbenkühlung vom „Rolandseck" hat sich sehr gut bewährt und ist äußerst zuverlässig.

Die Zylinderdeckel waren anfangs aus Stahlguß hergestellt. Sie sind, wie vorauszusehen war, alle nacheinander gerissen.

Wie allgemein bekannt ist, sind auf mehreren Werften kostspielige Versuche gemacht worden, um das richtige Material für den Zylinder- und den Zylinderdeckelguß ausfindig zu machen. Die Versuche haben ergeben, daß nach 10 bis 14 tägiger Betriebsdauer in den meisten Fällen Risse auftraten.

Die Stahlgußdeckel sind daher durch solche aus Spezialgußeisen ersetzt worden. Es ist zu erwarten, das dieselben halten werden.

Die Zylinder nebst Steuerung inkl. Details vom „Rolandseck" sind von der Firma Carels Fréres, Gent, geliefert. Es haben sich viele Fachleute an Bord über die sinnreiche Konstruktion der Steuerung und vor allem über die gute Ausführung sowie den sauberen Guß der Stahlgußdeckel lobend geäußert.

Durch den Defekt der Zylinderdeckel mußten während der Fahrt die betreffenden Zylinder ausgeschaltet werden. Dieses ist sehr leicht vorzunehmen, da nur Brennstoff und Einblaseluft abgestellt werden. Die Hauptmaschine arbeitet dann mit geringerer Leistung. Man kann durch erhöhte Brennstoffeinspritzung die anderen Zylinder etwas mehr belasten, wodurch die abgeschaltete Leistung von den anderen Zylindern zum Teil aufgenommen wird.

Der „Rolandseck" hat zeitweise mit 5 Zylindern, 4 Zylindern und 3 Zylindern auf Brennstoff gefahren. Zeitweise waren die Drehmomente durch die verschiedenen Schaltungen der Zylinder sehr ungünstig, so daß nur durch das Vorhandensein des Schwungrades die Hauptmaschine überhaupt in Betrieb bleiben konnte.

Es mußte infolge Defektes Zylinder Nr. 3 und 6 ausgeschaltet werden. In diesem Falle ist das Drehmoment, wie die Kurbelanordnung (Fig. 1) zeigt, sehr ungünstig, da alle Momente auf der einen Hälfte des Kurbelkreises liegen. Die Maschine machte noch ca. 80 Umdrehungen. Ein unregelmäßiger Gang der Maschine war nicht zu bemerken. Wurden jedoch die Umdrehungen gesteigert, arbeitete die Maschine unregelmäßig.

Als geringste Leistung ist die Maschine mit 2 Zylindern auf Brennstoff (Zylinder 1 und 5) gefahren, wobei die Triebwerke der anderen ausgeschalteten Zylinder mitgenommen und Kompressionsarbeit verrichten mußten. Das Schiff war dennoch gut steuerfähig.

Beim Manövrieren müssen die aufeinanderfolgenden Kurbelstellungen mindestens den Winkel von 120° innehalten, damit die Maschine anspringt.

Hiermit ist bewiesen, daß der Schiffsmotor in den schwierigsten Fällen noch betriebfähig bleibt, mithin keine Befürchtung vorliegt, die mit Motoren ausgerüsteten Seeschiffe nicht als Einschraubenschiffe verwenden zu können.

Sehr wichtig ist die richtige Einstellung der Brennstoffpumpen. Beim Manövrieren müssen Diagramme genommen werden, um die Leistungen der einzelnen Zylinder beim Anlassen

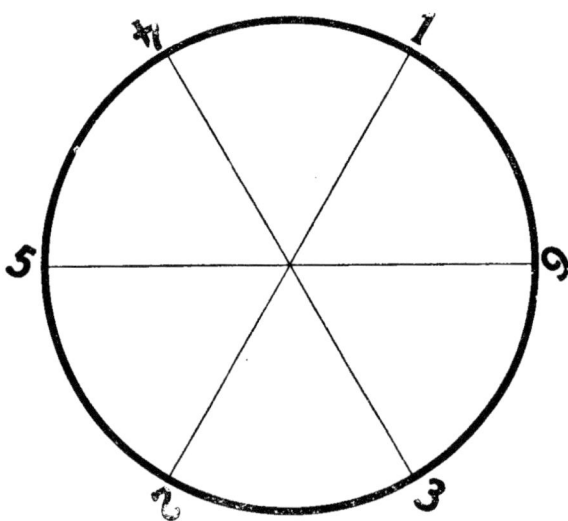

Kurbelstellungen.

beurteilen zu können, speziell diejenige, welche die ersten Zündungen erhalten, zeigen zu Anfang ein größeres Arbeitsdiagramm, als bei voller Fahrt. Dies rührt daher, daß beim Anlassen der Hauptmaschine mit Preßluft die einzelnen Zylinder mit kalter, reiner Luft gefüllt sind, die Luft eine etwas größere Pressung hat und sauerstoffreicher ist, als wenn die Zylinder mit Spülluft gereinigt und gefüllt werden. Wird nun reichlich Brennstoff eingespritzt, dann muß selbstverständlich die Leistung bedeutend größer werden. Es steigen die Anfangsdrücke bis ca. 52 Atm., so daß zeitweise die auf den Zylinderdeckeln vorgesehenen Sicherheitsventile blasen. Es müssen daher das Reduzierventil in der Anlaßluftleitung sowie die Brennstoffzufuhr so eingestellt werden, daß die Maschine gut manövriert, aber die Drücke beim Anfahren in den Zylindern nicht zu hoch steigen. Man sollte lieber etwas langsamer manövrieren und wenn notwendig, den Anlaßluftdruck möglichst reduzieren.

Ferner ist es sehr vorteilhaft, die Zylinder beim Anfahren mit Dampf anzuwärmen, genau wie bei einer Dampfmaschine, da das austretende Kühlwasser auf mindestens 40° C. zu halten ist, so sollen diese Temperaturen auch die Zylinder beim Anfahren wie bei jedem Manöver haben. Es werden hierdurch vor allen Dingen die Zylinderdeckel sehr geschont.

Als die wichtigsten Hilfsmaschinen sind die Spülluftpumpen und die Kompressoren anzusehen.

Die beiden Spülluftpumpen werden mittels Balancier angetrieben und haben sehr gut gearbeitet. Die Pumpen schaffen bei voller Fahrt 110 Umdrehungen, ca. 20% Luft zuviel. Es ist von Vorteil, den Weg der Druckluft möglichst kurz zu halten, damit beim Manövrieren die Zylinder gleich gut gespült werden. Im günstigsten Falle zünden 3 Zylinder schon nach der ersten Umdrehung und die anderen bei der zweiten Umdrehung. Es muß dann aber auch schon genügend Spülluft vorhanden sein, sonst bemerkt man ein Rauchen des Auspuffes.

Die Kompressoren sind sehr häufig zu überholen, da sich die Ventile zeitweise festsetzen; auch scheidet die salzhaltige feuchte Seeluft durch das intensiv stufenweise Kühlen viel Wasser aus. Es ist für eine dauernde Entwässerung zu sorgen. Die automatische Schmierung ist genau einzustellen. Es wird viel

Oel mitgerissen, und es muß in der Kompressorendruckleitung ein Oel- und Wasserabscheider eingeschaltet werden.

Der Hauptkompressor ist direkt mit der Hauptmaschine gekuppelt und schafft die Einblaseluft bei vollem Betriebe reichlich. Es wird die überschüssige Luft am ND-Luftreceiver ausgelassen. Es zeigten bei 105 Umdrehungen der HD 56 Atm., MD 8 Atm., ND 1,75 Atm. Es wurde dann bei der HD-Stufe die Luft ziemlich kalt und feucht ausgelassen. Um dieses zu verhüten, wurde die Luft bei der ND-Stufe nicht mehr abgeblasen. ND- und MD-Stufe arbeiten voll, und die überschüssige Luft wurde dann von der Einblaseflasche nach einer Anlaßflasche übergefüllt und von hier reduziert nach den Rudertanks geführt. Bei 100 Umdrehungen hatten wir im ND-Receiver 3,25 Atm., MD-Receiver 12 Atm., HD-Receiver 52 Atm. Die Luft trat dann mit ca. 45 bis 50° C. bei der HD-Stufe aus.

Beim Manövrieren wird die Maschine mit ziemlicher Geschwindigkeit angelassen. Je schneller die Maschine angelassen wird, desto geringer ist der Luftverbrauch und desto schneller zündet der Motor. Hierdurch hat der Hauptkompressor viele Stöße auszuhalten. Es wird deshalb beim Manövrieren der Hauptkompressor soweit wie möglich entlastet und die Einblaseluft vom Manövrierkompressor beschafft. Bei einem Defekt des Hauptkompressors mußte dieser ausgeschaltet werden und wurde durch den Hilfskompressor ersetzt, der 7 Tage arbeitete. Der Hilfskompressor ist, wie schon bekannt, der erste Motor dieses Typs, welchen die Werft M. C. Tecklenborg A.-G. konstruiert und gebaut hat. Er leistet 100 PS. e. und konnte die Einblaseluft für 100 Umdrehungen des Hauptmotors bei 260 Touren gut schaffen.

Dieses hat schon zu der Erwägung geführt, den Hauptkompressor unabhängig von der Hauptmaschine, wie es der Hilfskompressor (Manövrierkompressor) ist, anzuordnen Es hat den großen Vorteil, daß bei Defekten des Hauptkompressors nicht die Hauptmaschine gestoppt zu werden braucht. Ferner ist eine doppelte Sicherheit vorhanden.

Es müßten hierfür zwei Hilfskompressoren beschafft werden, die so groß sind, daß jeder allein instande ist, die nötige Einblaseluft bei vollem Betriebe zu beschaffen. Je einer müßte dann dauernd und abwechselnd in Betrieb sein.

Bei Schiffen, die dauernd ein gefährliches Fahrwasser fahren und viel manövrieren, ist diese Anordnung als notwendig anzusehen.

Bei langen Reisen ist ein angekuppelter Hauptkompressor vorteilhafter, da bei abgekuppeltem Hauptkompressor der Antriebsmotor dieses Aufsicht und Unterhalt erfordert.

Die Rudermaschine wurde auf See mit Luft und im Revier mit Dampf betrieben. Die Luft muß durch die Abgase gut angewärmt werden. Sie ist eine teure Betriebskraft. Es wäre daher wünschenswert, auf elektrischem Wege diese Antriebskraft zu erzeugen.

Der Ruderkompressor wird mittels Balancier von der Hauptmaschine angetrieben. Sobald Manöver kommen, ist der Luftvorrat bald verschwunden, und es muß Dampf angestellt werden. Diese Anordnung ist höchst unpraktisch, da das Schiff größtenteils unter Land fährt und dauernd der Hilfskessel in Betrieb bleiben muß. Für solche Fälle wäre zu empfehlen, hierfür einen kleinen stehenden Kessel anzuordnen, der eben ausreicht, die Rudermaschine und das Ankerspill zu bedienen und zu jeder Zeit schnell in Betrieb genommen werden kann.

Für die Deckmaschinen wird Dampf verwendet. Es ist der Hilfskessel mit Oelfeuerung (Körting, Zentrifugalzerstäuber) versehen und hat sich sehr gut bewährt. Die Verbrennung ist vollständig rauchfrei, und man kann annähernd 2 Tons Brennstoffverbrauch in 10 Stunden rechnen, wenn durchschnittlich 6 Stück 5-Tons-Dampfwinden flott arbeiten, inkl. Hilfspumpen und Dampfheizung.

Die Schmierung der ganzen Motoranlage muß äußerst gewissenhaft ausgeführt werden, jegliche Dochtschmierung ist zu verwerfen. Es ist die Gesamtschmierung am besten durch automatische Vorrichtungen zu bewerkstelligen.

Die Hilfsmaschinen sind geschlossen ausgeführt und mit Preßölschmierung versehen. Man sollte auch hier die Wellenlager als Ringschmierlager bauen, die Kurbelzapfen mit Zentrifugalschmierung versehen und die Kreuzkopfbolzen extra mit einer Oelpumpe schmieren. Für die Wellenlager und Kurbellager müßten dann außerhalb am Gehäuse Tropfgefäße angebracht werden.

Die Preßölschmierung ist am bequemsten und sehr sparsam. Es ist aber fraglich, ob nicht, wenn die Lager mit der Zeit etwas unegal (oval) ausarbeiten, zu viel Oel seitlich herausgedrückt wird und die anderen Lager darunter leiden werden. Die Ansichten hierüber sind sehr verschieden. Es wird die Praxis lehren müssen, jedoch wird durch eine Rundlaufschmierung wie z. B. Patent Holtorp erreicht, daß das Oel in den Lagerschalen gleichmäßig verteilt wird, und hierdurch auch alle Druckstellen der Lager in Oel bleiben. Bei der Druckschmierung müssen die Lager auch mit genügenden Schmiernuten versehen sein. Der Druck preßt das Oel nicht allein zwischen die harttragenden Flächen, da wir bei einfach wirkenden Motoren mit den großen einseitigen Drücken rechnen müssen.

Im allgemeinen bildet der Motorenbetrieb einen guten Fortschritt für die Schiffahrt. Es ist vor allen Dingen diese Sache als eine vorzügliche Leistung der Technik zu bezeichnen, und es wird in nicht allzu langer Zeit die Praxis lehren, daß der Schiffsdieselmotor in gewissen Grenzen der Schiffsdampfmaschine an Betriebssicherheit gleichkommt und bei normalen Brennstoffpreisen wirtschaftlich ökonomischer arbeitet.

Der **Brennstoffverbrauch** stellt sich sehr günstig. Es wurden durchschnittlich bei 1600 HP., 100 Umdr., 10 Meilen Fahrt, täglich ca. 6 Tonnen Gasöl inkl. Lichtmotor, Hilfsdampfpumpen und Dampfheizung benötigt.

Die **Bedienung** und **Instandhaltung** einer Motorenanlage ist sehr vielseitig und erfordert etwas intelligentes und durchaus arbeitsfreudiges Personal. Alle Arbeiten müssen schon von der Werft aus äußerst exakt ausgeführt werden, speziell die Reserveteile müssen aufs genaueste ausgeführt und gekennzeichnet sein. Ferner sind die Ueberholungsarben äußerst gewissenhaft auszuführen, da der Motor sehr empfindlich ist und der geringste Fehler Störungen veranlaßt. Es ist daher eine verkehrte Ansicht, wenn man glaubt, daß an Maschinenpersonal gespart werden kann. Das Personalsparen fängt erst bei großen Schiffen an, wo viele Kessel gefahren werden. Es würde dann eben nur das Heizerpersonal gespart werden, das zur Bedienung, resp. Instandhaltung der Kesselanlage benötigt wird.

Wir müßten also hier mit sehr großen Fracht- und Passagierschiffen rechnen, bei denen aber vorläufig die Motorenanlagen noch nicht in Frage kommen. Ueberhaupt sind meines Erachtens die Motorenbauer etwas zu schnell vorgegangen, indem gleich größere Anlagen gebaut wurden, wo doch noch keine Erfahrungen auf Seeschiffe vorliegen, die wir bei unseren Schiffsmaschinen durch langjährige Fahrzeit mühsam erzielt haben. Die bisher erzielten Erfahrungen an Schiffsmotoren müssen daher jetzt sehr teuer erkauft werden.

Es wäre daher wohl zu empfehlen, an Maschinenpersonal nicht zu sparen. Es bedarf eine größere Anlage, wie bei einem Zweischraubenschiff, da jede Motorenanlage auch viele Hilfsmaschinen erfordert, speziell für Instandhaltung der gesamten Anlage folgendes Maschinenpersonal:

Ein erster Maschinist als Leitender, ein zweiter Maschinist, zwei dritte Maschinisten für die Hauptmotoren, zwei vierte Maschinisten unter spezieller Aufsicht des zweiten Maschinisten für die Zylinderstationen, sowie ein vierter Maschinist und drei Assistenten für Hilfsmaschinen. Ferner muß an Heizerpersonal ein Storekeeper, drei Schmierer zum Helfen für die Maschinisten, zwei Donkyleute und mindestens zwei Heizer resp. Kohlenzieher für die notwendigsten Reinigungsarbeiten vorhanden sein. Hiermit würde eine derartige Anlage sieben Maschinisten, drei Assistenten und sieben bis acht Heizer erfordern, wenn die Maschinen resp. Maschinenräume nicht allein äußerlich, sondern auch im Innern ohne Tadel sein sollen.